文库编译 马克思主义农业理论研究丛书
许静波 主编

钟海燕 著

新时代背景下农村思想政治工作研究

Political Ideological Work in Rural Regions
Navigating the New Era

图书在版编目（CIP）数据

新时代背景下农村思想政治工作研究／钟海燕著
.—北京：中央编译出版社，2024.6
  ISBN 978-7-5117-4777-8

Ⅰ.①新… Ⅱ.①钟… Ⅲ.①农村-政治工作-研究-中国 Ⅳ.①D422.62

中国国家版本馆 CIP 数据核字（2024）第 109119 号

新时代背景下农村思想政治工作研究

责任编辑	李媛媛
责任印制	李　颖
出版发行	中央编译出版社
地　　址	北京市海淀区北四环西路 69 号（100080）
网　　址	www.cctpcm.com
电　　话	（010）55627391（总编室）　（010）55627310（编辑室）
	（010）55627320（发行部）　（010）55627377（新技术部）
经　　销	全国新华书店
印　　刷	佳兴达印刷（天津）有限公司
开　　本	710 毫米×1000 毫米　1/16
字　　数	218 千字
印　　张	14.75
版　　次	2024 年 6 月第 1 版
印　　次	2024 年 6 月第 1 次印刷
定　　价	80.00 元

新浪微博　@中央编译出版社　　　　微　信　中央编译出版社（ID：cctphome）
淘宝店铺　中央编译出版社直销店（http://shop108367160.taobao.com）　（010）55627331

本社常年法律顾问　北京市吴栾赵阎律师事务所律师　闫军　梁勤
凡有印装质量问题，本社负责调换。电话：（010）55627320

总　序

在近代以前的很长时间里，无论是东方国家还是西方国家，农业都是孕育文明的母体。即使到了今天，社会分工和文明进步已经到了较高水平，农业仍发挥着最基础的支撑作用，其地位不可替代。马克思主义经典作家十分重视农业问题，形成了比较丰富的马克思主义农业发展理论。马克思指出，"农业劳动是其他一切劳动得以独立存在的自然基础和前提"[①]"因为一切劳动首先而且最初是以占有和生产食物为目的"[②]。恩格斯提出，"农业是整个古代世界的决定性的生产部门，现在它更是这样了"[③]。列宁强调农业是"国民经济的基础"[④]，在理论研究和实践策略维度深入探讨土地和农民问题。中国共产党历届领导人都高度重视解决"三农"问题，立足马克思主义农业发展理论的指导地位，在中国革命、建设和改革开放的实践中形成了独具中国特色的马克思主义农业现代化理论。农业强国是社会主义现代化强国的根基，习近平总书记指出，"对我们这样一个有着14亿人口的大国来说，农业基础地位任何时候都不能忽视和削弱"[⑤]，"没有

---

① 《马克思恩格斯全集》第33卷，北京：人民出版社2004年版，第27页。
② 《马克思恩格斯全集》第46卷，北京：人民出版社2003年版，第713页。
③ 《马克思恩格斯全集》第28卷，北京：人民出版社2018年版，第176页。
④ 《列宁全集》第14卷，北京：人民出版社2017年版，第177页。
⑤ 《论"三农"工作》，北京：中央文献出版社2022年版，第128页。

农业现代化，国家现代化是不完整、不全面、不牢固的"①。

纵观马克思主义经典作家的著述，农业、农村、农民始终是聚焦研讨的重要问题之一，也是批判资本主义生产方式、谋划革命事业与构想未来社会形态的重要议题，这些极具理论和实践价值的文本本身就是马克思主义理论的有机组成部分。青年马克思最初遭遇的"物质利益的难题"，就是关于农民是否盗窃林木和摩塞尔河沿岸农民的贫困状况，他从农民问题入手进而关注工人问题。1852年马克思曾将19世纪的法国农民描绘成"一袋马铃薯"来呈现农民的分散性特征。1853年马克思在《不列颠在印度的统治》中研究了印度古老的村社如何面对大英帝国的蒸汽机。1857至1858年，他又广泛地研究了农村公社的各种土地所有制形式。在《资本论》写作过程中，农村公社、土地所有制和亚细亚生产方式仍然占据着较大篇幅和比重，甚至有关中国农业的论述多达数十次。1844年恩格斯在《英国工人阶级状况》中开始使用"农业无产阶级"一词；1875年的《德国农民战争》以及晚年写作的《法德农民问题》，展现出马克思主义关于农业、农村和农民问题的基本原则和立场。马克思和恩格斯晚年又不约而同地关注日耳曼的古代村社、俄国的农村公社，进而得出"东欧和俄国可以遵循完全不同的演进路径"的结论。

实际上，全球性的农业现代化进程自20世纪下半叶才真正开启。总体而言，各国都经历了传统农业社会向现代工业社会的转变，农民的绝对数量和人口比例大幅减少。西方国家率先走上农业现代化之路，并取得巨大物质文明成果，由此奠基西方国家尤其是欧美发达国家对农业现代化及其发展模式的掌控权与话语权。西方发达国家的发展路径也不尽相同，有的依靠高度的机械化，有的开发生物和化学技术，有的利用高效集约模式，从而推动现代农业的高速发展。因此，法国学者孟德拉斯提出"农民的终结"，但其实质是"小农"的终结，而非农民的终结、农业的终结或乡村

---

① 《论"三农"工作》，北京：中央文献出版社2022年版，第202页。

总　序

生活的终结。在现代农业发展的研究领域中，西方发达国家和第三世界国家已经提供了被决策者和执行者高度关注的经验总结和成功的案例，提出了一系列推进农业整体发展有成效和可持续的对策。但伴随政治经济全球化进程的加剧，以西方道路为蓝本的农业现代化发展模式无法适应发展中国家的基本国情与发展实际，其模式无法解释发展中国家农业现代化道路的具体性与复杂性。中国作为最大的发展中国家，开辟不同于西方的农业现代化发展新模式，打破资本主义农业现代化道路一统天下的局面，打破西方现代化话语裹挟、建构中国特色的农业现代化发展模式，成为中国农业现代化过程中必须面临的问题。

对于中国的农业现代化道路而言，既不能套用西方的农业理论，更不能简单照搬国外现代化农业强国的发展模式，务必秉持马克思主义基本原理，立足我国国情，立足人与自然和谐共生的时代要求，走具有中国特色的社会主义农业现代化道路。21世纪以来，城镇化和现代化的持续推进，我国已经初步化解了土地所有制问题、农村收入问题、农村劳动力转移问题、农民转化为市民等诸多问题，为建设宜居宜业和美乡村赋能助力，为乡村振兴战略全方位落实提供了坚实支撑。进入新时代，党的二十大报告明确提出要加快建设农业强国，为农业现代化发展指明了方向和目标。我们既要遵循农业现代化的一般规律，又要遵照具体的国情农情，在中国式现代化进程中探索开辟具有中国特色的农业强国之路。

我国具有悠久的农耕文明，一个由血缘、亲缘、地缘、宗族、信仰、乡约、传统和伦理维系的东方社会，并非工业化和非农化所能轻易转化的。表面看来稳定的传统农业社会，其内部并非没有变化与革新，劳动工具的改进、耕作方法的改善、作物品种的改良等都是我国农业辉煌发展史中的重要篇章。如果说18世纪以来西方社会的农业进步都是农业社会外部因素引发的结果，那么当前的中国恰恰有条件、有能力通过人与自然和谐共生的发展理念为世界提供一种解决农业、农村和农民问题的发展密码，为构建人类命运共同体提供"中国方案"，贡献"中国智慧"。

强国必先强农，农强方能国强。从我国社会历史进程来看，农业、农村、农民问题是贯穿我国现代化建设和实现中华民族伟大复兴进程中的基本问题。全面建设社会主义现代化国家，实现中华民族伟大复兴，最艰巨最繁重的任务依然在农村，最广泛最深厚的基础依然在农村。为此，东北农业大学马克思主义学院推出"马克思主义农业理论研究丛书"，本丛书致力于马克思主义农业现代化理论推进和参与中国农业现代化的伟大进程，试图拓展马克思主义现代化理论发展的空间，深化中国特色农业现代化发展规律的认识，以期为新时代迈向社会主义现代化农业强国提供理论支撑和实践指导。马克思主义农业理论研究既要深入把握经典作家的权威阐释，时刻关注党的最新理论成果；又要厘清中国现代农业发展的历史脉络，总结蕴含其中的得失成败；还要广泛开展乡村社会调查，用实证的方法切入现实，在理论、历史和现实的交汇处持续地探索。对于我们来说，积极的行动刻不容缓，但在现阶段形成具有中国特色的马克思主义农业现代化理论、创造人类现代化文明的新范畴与新模式还是比较艰难地探索，然而实践从未停止前进的步伐，面对如火如荼的中国式农业现代化实践，进一步总结其普适性和特殊性规律，做出不囿陈见的解释，启迪"知农、爱农、兴农"的专门人才，助力培育广大农民持续学习和变革的积极性，探讨理论发展态势与实践运行方向，持续推进农业现代化进程，为当代中国的农业强国建设略尽绵薄之力，这应是富有意义的探索。

许静波

2023 年 12 月 11 日

于东北农业大学成栋楼

目 录

前 言 ………………………………………………………………… 001

第一章 农村思想政治工作概述 ………………………………… 003
  第一节 农村思想政治工作 ……………………………………… 003
    一、思想政治工作相关概念及内涵解释 ……………………… 004
    二、农村思想政治工作概念的理论沿革 ……………………… 010
  第二节 农村思想政治工作对象 ………………………………… 044
  第三节 农村思想政治工作的主要特点 ………………………… 045
    一、重农的传统与当代的挑战交织 …………………………… 046
    二、内生工作主体与嵌入工作主体特点交融 ………………… 047
    三、工作对象思想观念存在先进性和滞后性并存的冲突 …… 049
    四、宏观与个别微观工作环境矛盾突出 ……………………… 049

第二章 农村思想政治工作的发展历程 ………………………… 051
  第一节 农村思想政治工作的历史转折（1978—1992） ……… 052
    一、农村思想政治工作重心的转移 …………………………… 052
    二、农村思想政治工作内容的调整 …………………………… 055

第二节 农村思想政治工作的拓展深化（1992—2012） ………… 062
 一、社会主义市场经济条件下农村思想政治工作的理论
  探索 ……………………………………………………… 062
 二、社会主义市场经济背景下农村思想政治工作的实践 …… 065
 三、农村思想政治工作的成果 ……………………………… 073

第三节 农村思想政治工作的新时代（2012年至今） ………… 076
 一、新时代农村思想政治工作产生新理念 ………………… 076
 二、新时代农村思想政治工作的内容 ……………………… 079
 三、新时代农村思想政治工作的新举措 …………………… 082

第三章 新时代农村思想政治工作现状及原因 ……………… 087

第一节 新时代的农村思想政治工作 …………………………… 087
 一、全面建设社会主义现代化国家的任务给农村思想政治工作
  提出新要求 ……………………………………………… 088
 二、实施乡村振兴战略给农村思想政治工作提出新要求 …… 089
 三、新时代农村思想政治工作的状况需要改革创新 ……… 089

第二节 新时代的农村思想政治工作进展 ……………………… 090
 一、建设现代化国家进程中的农村思想政治工作 ………… 090
 二、推动农业农村现代化中的农村思想政治工作 ………… 093
 三、实施乡村振兴战略中的农村思想政治工作 …………… 096
 四、新时代以党的创新理论和"三农"政策宣传为主线的
  思想政治工作 …………………………………………… 100
 五、以农民思想建设为主线的思想政治工作 ……………… 101
 六、以文化建设为主线的思想政治工作 …………………… 103

第三节 农村思想政治工作存在的问题 ………………………… 105
 一、部分农村思想政治工作者与新时代农村发展要求
  不相适应 ………………………………………………… 105

二、农村思想政治工作的社会各方面支持度不足 …………… 108

　　三、农村思想政治工作创新意识不强 …………………………… 111

　　四、社会转型冲击农村的思想政治工作 ………………………… 115

第四节　农村思想政治工作存在问题的原因分析 …………………… 116

　　一、思想政治工作者对农民的责任感尚需提高 ………………… 116

　　二、部分农民群众的思想意识受传统思想与现代思想的

　　　　影响 …………………………………………………………… 118

　　三、社会各方面支持思想政治工作的氛围不够 ………………… 120

第四章　加强新时代农村思想政治工作的认知策略 …………… 123

第一节　提高对加强农村思想政治工作重要性的认识 ……………… 123

　　一、加强农村思想政治工作的重要性 …………………………… 124

　　二、农村建设视角下农村思想政治教育的现实意义 …………… 136

第二节　明确农村思想政治工作的目标 ……………………………… 144

　　一、农村思想政治工作的创新目标 ……………………………… 144

　　二、农村建设视角下农村思想政治工作的目标 ………………… 146

　　三、农村思想政治工作的执行要点 ……………………………… 147

第三节　遵循农村思想政治工作的基本原则 ………………………… 148

　　一、农村思想工作的基本原则 …………………………………… 148

　　二、思想政治教育工作方法创新原则的基本特点 ……………… 154

　　三、思想政治教育理论、实践、制度创新有机统一 …………… 157

第五章　新时代加强农村思想政治工作的实践策略 …………… 160

第一节　丰富农村思想政治工作内容 ………………………………… 161

　　一、农村思想政治工作内容的要求 ……………………………… 161

　　二、农村思想政治工作内容的创新 ……………………………… 166

　　三、农村思想政治工作方法的创新 ……………………………… 169

  四、农村思想政治工作机制的创新 …………………… 170

第二节　优化农村思想政治工作载体 …………………… 171
  一、在现代村规民约重构中开展思想政治工作 ………… 172
  二、在多样化的活动中融入思想政治工作 ……………… 175
  三、在促进农村文化大发展大繁荣中开展思想政治工作 …… 176
  四、利用新媒体提升思想政治工作覆盖面和实效性 …… 179
  五、优化各类载体的意义 ………………………………… 182

第三节　完善农村思想政治工作机制 …………………… 184
  一、增强农村思想政治工作的制度优势 ………………… 184
  二、提升农村思想政治工作的工作方法 ………………… 193

第四节　提升农村思想政治工作队伍素质 ……………… 196
  一、激活农村思想政治工作的人才队伍 ………………… 196
  二、加强队伍建设 ………………………………………… 199
  三、新时代对农村思想政治工作者的素质要求 ………… 203
  四、提高农村思想政治工作者素质的主要途径 ………… 206

第五节　加强农村思想政治工作的社会环境建设 ……… 211
  一、大力发展农村经济提高农民生活水平 ……………… 211
  二、加强农村党的领导推进基层民主制度建设 ………… 213
  三、深化农村精神文明创建活动 ………………………… 215
  四、构建农村和谐社会 …………………………………… 217
  五、加强对农村思想政治工作的研究 …………………… 221

主要参考文献 ……………………………………………… 223

前 言

农村问题始终受到党和政府的重点关注,解决好三农问题,不仅是推动农村、农业发展的重中之重,更是提升农民生活质量的重要路径。解决农村问题是社会主义现代化国家建设工作的必然要求,也是实现中华民族伟大复兴中国梦的重要基础。新时代,党和国家深度分析农村发展现状,深刻认识农村问题的重要性,规划了农村改革的基本任务。随着经济全球化的深入,网络化、信息化快速发展,我国改革开放的进程不断推进,然而,新形势下,农村思想政治工作也面临着诸多挑战。如何在这一新的时代背景下,改善农民贫穷落后的生活面貌,带领农民不断走向富裕,同时树立其对马克思主义的坚定信仰和对党忠诚的思想观念,是学术界关注的议题,这既关系到我国改革发展的稳步推行,也关系到乡村振兴目标的实现。

思想政治工作区别于其他工作,它是经济工作以及其他工作的命脉,是党和国家工作的重要内容。我国是一个农业大国,农村思想政治工作必然是党和国家思想政治工作重点,做好农村思想政治工作,是促进农村社会稳定发展的重要措施,为实现全面建设社会主义现代化国家伟大目标奠定了坚实基础。

针对新时代的人民需求,党和国家提出了建设社会主义现代化国家的目标和任务,其中,农村现代化的实现主要依靠农民。在宣传工作中,用党的理论武装农民，使团结奋斗的精神旗帜作用于实践，以便于更加顺利完成现代化目标；在宣传工作中，引导农民牢固树立节约资源、保护环境、科学发展的意识，促进人与自然和谐共生，推动生态文明建设；在宣传工作中，针对深化改革后农村出现的新情况新问题，重视心理疏导，促进农民身心健康发展，由被动化解矛盾逐步转向主动化解矛盾，营造和谐氛围，有力推进农村各项改革，从而实现全面建设社会主义现代化国家的目标。

中国共产党一贯重视思想政治工作，这是党的优良传统和政治优势。全面建设社会主义现代化国家的目标给农村进行思想政治工作提出了更高的要求。以新时代全面建设社会主义现代化国家为背景，研究分析新时代农村的思想政治工作现状，并进一步探讨存在的新问题，提出对策建议，以期在全面建设社会主义现代化国家进程中发挥积极作用。

为贯彻落实党的二十大精神，完成农村的各项建设工作，首先必须加强有说服力的思想政治工作。思想政治工作具有强大的指导作用，不断强化并改善农村的思想政治工作，有助于农村经济、政治、文化的健康蓬勃发展。针对如何开展有说服力的农村思想政治工作问题，根据区域的不同，思想政治工作的内容、形式也应灵活适应各地的具体发展情况。

本书深刻研究了新时代我国农村思想政治工作的现实情况以及存在的问题，深度分析了问题产生的原因及解决方案，力求从农村思想政治工作的实际出发，在理论层面剖析问题原因，并从实践角度提出合理有效的解决对策。本书旨在提高农民的科学文化素养和思想道德素质，创建积极、健康的社会风气和精神氛围，将农民群众的力量集中到早日实现社会主义现代化国家建设的目标中来。

第一章 农村思想政治工作概述

思想政治工作是经济工作和其他一切工作的生命线。在中国社会发展的过程中，农民一直是我国革命、建设和改革发展中的重要力量，因而农村思想政治工作始终具有必要性和重要性。通过梳理农村思想政治教育的基本概念、研究对象、理论基础等，可以对农村思想政治教育的概念、性质、工作对象、特点等基本问题有初步的了解，对于新时代开展农村思想政治工作，充分调动农民的积极性和创造性具有重要意义。

第一节 农村思想政治工作

在思想政治教育实践和学科发展中，存在多个类似但不同的概念，如"政治工作""思想工作""政治思想工作""思想政治工作""思想政治教育"等；特别是农村思想政治工作，其不同提法也需准确界定，如"农村思想政治工作""农村思想政治教育""农民思想政治工作"等，准确地对概念进行界定有利于研究对象的明确和研究的顺利进行。

一、思想政治工作相关概念及内涵解释

(一) 思想政治工作概念

1. 思想政治工作概念的历史变迁

思想政治教育工作虽然古已有之,但"思想政治工作"概念的形成却与共产主义运动有关。1920年,列宁在《在全俄省、县国民教育厅政治教育委员会工作会议上的讲话》中提出"政治教育""政治教育工作"两个概念。1934年,斯大林在苏联共产党(布)第十七次代表大会的总结报告中,提出了"政治思想工作""思想工作"两个概念。中国共产党成立后,长期使用"政治工作"这个概念。1945年毛泽东在《论联合政府》中提出了"思想教育"的概念。中华人民共和国成立后,刘少奇于1951年在《党在宣传战线上的任务》中第一次提出了"思想政治工作"的概念。他在报告中明确指出:"今天,思想政治工作的必要性更加提高了,更加需要加强党的思想领导"①。1957年毛泽东在《关于正确处理人民内部矛盾的问题》一文中,对"思想政治工作"作了进一步的阐述。此后,"思想政治工作"这个概念一直被沿用,并运用在军队、高校、企业、农村等领域。

学术界对思想政治工作的概念和内涵具有不同的理解。有学者把思想政治工作作为一个整体概念来阐述,认为"思想政治工作是思想工作和政治工作的总称"。但有学者持不同观点,认为应该把它理解为政治工作中的思想性部分和思想工作中的政治性部分的叠加与融合。

思想政治工作关注人的思想、观点和政治立场,旨在提高人们的思想觉悟。作为党的工作的重要组成部分,思想政治工作是实现党的领导、社会主义精神文明建设和其他工作的有力保证。思想政治工作必须服从和服务于党的中心工作,具有鲜明的党性、实践性和群众性。以马克思列宁主

---

① 《刘少奇选集》(下卷),北京:人民出版社1985年版,第90页。

义、毛泽东思想为指导,用共产主义思想体系教育党员、干部和群众,使人们确立正确的立场、观点,掌握正确的思想和工作方法,自觉地为实现党的革命目标和任务而努力奋斗。思想政治工作是一门科学,其理论基础是辩证唯物主义和历史唯物主义。它融合了马克思主义的建党学说、心理学、教育学、社会学、伦理学等,是一门综合性的应用科学。思想政治工作有其固有的工作规律和特点,以及经过实践反复检验的工作基本原则和科学的工作方法。思想政治工作与经济工作及其他一切业务工作的关系是服务和保证关系,而非简单的领导与指导关系,即为经济工作和其他一切业务工作服务,保证其符合社会主义性质和方向。思想政治工作无论是在革命战争时期还是社会主义建设时期,都始终得到中国共产党的高度重视。

2. 思想政治工作的原则和方法

思想政治工作的原则是根据思想政治工作的客观规律和人们的主观意图制定的。中国共产党在长期的思想政治工作实践中总结和概括出一系列基本原则,主要有:

(1)学习和宣传革命理论与解决革命和建设的实际问题相结合,用马克思主义的立场、观点和方法指导自己的实践活动,解决实际问题。

(2)思想政治工作与业务工作相结合,使思想政治工作落到实处,为各项业务工作指明正确的政治方向,使各项业务活动执行和体现党的路线、方针和政策。

(3)思想政治工作与物质利益保障相结合,坚持唯物主义关于物质与意识辩证关系的原理,提高群众思想认识的同时,切实帮助群众解决一些切身利益问题。

(4)表扬与批评相结合、以表扬为主,即善于发现工作对象的优点和长处,树立先进榜样,带动后进;结合必要的批评,抑制消极因素,善于从消极因素中发现积极因素,促使其向好的方面转化。

(5) 耐心说服教育与严格的组织纪律相结合，即立足于说服教育，循循善诱，同时对不服教诲、坚持错误的群众辅以严格的组织纪律。

(6) 身教同言教相结合、身教重于言教，即领导干部和思想政治工作者在对群众进行言教的同时，必须严于律己、身体力行、言行一致。

由于人们在不同的历史条件和社会环境的影响下会产生不同的思维倾向，不同年龄、不同层次的人会有不同的思维特点，因此思想政治工作的方法应是多种多样的。科学的方法必须符合人们思想和行为活动的规律、适应思想教育内容的需要。在长期的思想政治工作实践中，中国共产党总结出的科学方法有许多，如疏导的方法、民主的方法、讨论的方法、批评与自我批评的方法等。

思想政治工作的方式也是多种多样的，具有灵活多变的特点，概括起来主要有：

(1) 说理的教育形式。通常表现为口头和文字两种方式，口头形式如讲演、报告、讨论、谈话等。文字形式如理论著作、报刊、论文、党和政府的文件、新闻报道等。这类形式的特点是灵活机动、针对性强，解决问题及时、收效快。

(2) 形象化的教育形式。通常表现为艺术、娱乐等形式。它把思想政治教育的内容融于文化娱乐活动之中，易于为人们所接受，潜移默化地影响着人们的思想，往往获得说服教育难以达到的效果。

(二) 农村思想政治工作概念

关于农村思想政治工作概念内涵的界定，龙海平提出农村思想政治工作是指在农村宣传党的路线、方针、政策，提倡健康的精神文化生活，使广大农民的思想觉悟和政治水平不断提高的各项工作。[①] 农村思想政治工

[①] 冯文彬：《中国当代干部大百科》，延吉：延边人民出版社1993年版，第1051页。

作是以农民的政治思想和行为的活动规律为研究对象，并据此对农民进行教育，提高农民认识世界和改造世界能力的一门科学。农村思想政治工作不仅是农村工作的重要组成部分，也是我们党动员农民、教育农民的强有力的武器。农村思想政治工作的本质在于农村思想政治工作者有目的、有计划、有系统地对农民施加影响。作为党的思想政治工作的一个分支，农村思想政治工作具有党的思想政治工作的基本特点，同时也有自己独立的研究对象和领域，是一门具有实践性和群众性的科学。具体来说，农村思想政治工作的目的、任务和主要内容由党的思想政治工作的目的、任务和内容决定，是党的思想政治工作在农村地区的具体应用。

1. 对农村思想政治工作主体和客体的解释

思想政治工作的主体是指实现思想政治工作目标的人员，他们在整个思想政治工作过程中起到组织和引导的作用，是确保思想政治工作有效开展的决定性因素，在思想政治工作过程中处于主导地位，对客体起着主导作用。在农村思想政治工作中，主体主要由乡村两级党团组织的领导干部和行政管理人员组成，他们通过常规的思想政治工作帮助广大农民群众改造主观世界，提高其思想道德素质，增强认识世界和改造世界的能力，以更好地满足新时代农村发展建设的需求；农村思想政治工作的客体即为接受思想政治工作的广大农民群众。农村思想政治工作的过程，就是农村思想政治工作主体通过选用合适的方法将农村思想政治工作内容作用于广大农民群众，使其在思想和行为上更加符合社会发展要求的过程。二者的良性互动是农村思想政治工作取得实效的关键。

2. 农村思想政治工作的根本目的

农村思想政治工作是党的思想政治工作在农村的具体化。党的思想政治工作的根本目的是帮助人们改造主观世界，提高人们的思想道德素质，增强人们认识世界和改造世界的能力。因此，农村思想政治工作的根本目的是通过教育广大农民群众认识和学习马克思列宁主义、毛泽东思想、邓小平理论、"三个代表"重要思想、科学发展观和习近平新时代中国特色社会主义思想，引导农民自觉改造主观世界，提高其认识农村和改造农村的能力，从而更好地参与改造农村客观世界的实践。这一根本目的是由我们党和国家的性质和根本任务决定的。

3. 农村思想政治工作的主要内容

农村思想政治工作的主要内容是根据农村思想政治工作的目的、任务及工作对象的发展需求所确定的，其内容随着农村和整个社会的发展而不断丰富和变化。目前，农村思想政治工作的内容主要包括以下几个方面：加强对农民进行理想信念教育、社会主义核心价值观教育、爱国主义教育和中国特色社会主义、中国梦的宣传教育，弘扬民族精神和时代精神；倡导诚信道德规范，引导农民树立正确的世界观、人生观和价值观，强化社会责任意识、规则意识、集体意识和主人翁意识，正确处理国家、集体与个人之间的利益关系；加强对农民进行社会主义民主、法治和纪律教育，增强社会主义法治观念；加强对农民进行科学、文化、农业知识的教育。这些内容有助于广大农民群众改造主观世界，提高思想道德素质，增强认识世界和改造世界的能力。

（三）对"农村思想政治教育"和"农村思想政治工作"两个常用概念的辨析

在学界，"农村思想政治教育"与"农村思想政治工作"是两个常见的概念，在实际工作中，也常常被人们当作同一个概念使用。

两个概念之间具有内在的相同性。第一，两者的内容基本一致。即都是以理想信念教育为核心，对农民进行世界观人生观价值观教育；都是以爱国主义教育为核心对农民进行民族精神教育，以改革创新为核心对农民进行时代精神教育；都是以基本道德规范为基础，对农民进行道德教育；都是以提升农民素质为目标，对农民进行素质教育等。第二，两者的指导思想与目标一致。即都要坚持以马克思列宁主义、毛泽东思想、邓小平理论、"三个代表"重要思想、科学发展观、习近平新时代中国特色社会主义思想为指导；都要做好党在农村的各项方针、政策的宣传和教育工作，用社会主义核心价值体系引领农村社会中的各种思潮，更好地服务于农村的经济建设；都是为了培育和造就社会主义新型农民。第三，两者的基本原则一致。即都要坚持以农民为本，贴近实际、贴近农村、贴近农民，增强针对性、实效性和吸引力、感染力。最后，两者的教育途径与方式也具有同一性。

尽管这两个概念之间有内在的相似性，但存在的一些微小差异有必要廓清。

第一，两者的概念定义不同。"农村思想政治教育"这一概念可以看作从"农村思想政治工作"中发展而来的。目前学界对于"农村思想政治教育"的定义还不明确，但已有的两种主要表述为：一是党在农村中的思想政治教育，以农民为主体进行世界观人生观价值观教育。二是农村思想政治教育以宣传社会主义和共产主义的思想体系为内容，以解决人的思想问题和普遍提高人的思想政治素质为任务，以充分发挥人的工作积极性、创造性和培养社会主义新人为目的，确保党的路线、方针和政策在农村的贯彻落实。而"农村思想政治工作"则是指在农村中宣传党的路线、方针、政策，提倡健康的精神文化生活，使广大农民的思想觉悟和政治水平不断提高的各项工作。它是政治工作中的思想性部分和思想工作中的政治性部分的叠加、融合，主要包括思想、宣传、组织、纪检、统战工作，也包含围绕发展经济所做的思想政治工作。

第二，两者的工作范围不同。长期以来，我国"农村思想政治工作"和"农村思想政治教育"这两个概念同时使用，但它们的内涵和外延有一定差别。"农村思想政治工作"的内涵和外延比"农村思想政治教育"更为广泛，除了思想政治教育职能外，还包括领导管理体制的建立、队伍的组织与培训、理论的研究探讨、工作方法的完善、经验的总结推广等多方面的实践活动。尽管其中也包含了教育的意义，但不能简单地称为"农村思想政治教育"。思想政治教育是思想政治工作的主要的或基本的内容，是受政治制约的思想教育，侧重于思想理论方面的政治教育。一般而言，如果研究的是农民群体的思想教育、政治教育、道德教育，一般应使用"农村思想政治教育"这个概念，而在农村实际工作中，多使用"思想政治工作"这一用语。可见，"农村思想政治工作"较之"农村思想政治教育"的外延更宽。以此为据，本书采用"农村思想政治工作"概念。

二、农村思想政治工作概念的理论沿革

只有以科学的理论为支撑，才能够使研究内容在实践和历史的检验中立于不败之地。马克思主义是中国共产党的指导思想，也是研究社会问题的理论基础。因此，马克思主义关于农村思想政治工作方面的思想理论，是我们党和国家开展农村思想政治工作的理论基础。

（一）马克思主义经典作家关于农民思想政治工作的思想

马克思主义经典作家们在他们所处的历史时期，根据无产阶级革命斗争的需要，对农民的思想政治工作问题进行了研究。这些思想在今天仍能给我们以指导和启发。

1. 马克思和恩格斯关于农民思想政治工作的思想

在马克思、恩格斯浩瀚的论著中，关于农民问题的论述虽不处于中心位置，但也颇为丰富。而且，他们在领导国际工人运动中非常重视对农民的教育问题。

（1）关于加强农民思想政治工作的重要性

马克思和恩格斯认为无产阶级要与占统治地位的资产阶级进行斗争并取得胜利，必须有广大的群众基础，建立同盟军队伍。农民的经济基础和阶级地位决定其是无产阶级最能争取的革命同盟军。无产阶级要争取农民

成为革命的同盟。马克思和恩格斯指出:"包括小工业家、小商人、小食利者、手工业者和农民在内的中间等级的下层,由于缺乏经营大工业的资本,经不起资本市场的激烈竞争,或者其手艺被新的生产方法所淘汰,而逐渐沦落为无产阶级。"① 当"资本主义经济在农村日益发展,农民被日益消灭"时,他们的"处境日益恶化",社会地位也降到了社会的最底层,最终"变成无产阶级"。② 而"被我们吸收到自己方面来的农民人数愈多,社会变革的实现也就会愈迅速和愈容易"③。

同时,马克思和恩格斯还认为,小农经济特点决定了农民阶级在革命中具有摇摆性、依赖性、保守性等局限,决定了农民阶级不会自然成为无产阶级同盟军,要使其成为无产阶级革命可靠的同盟军,必须对其进行无产阶级思想的教育。马克思和恩格斯指出,"近600年来,一切进步的运动都起源于城市,其结果就是:第一,农民的独立民主运动(瓦特·泰勒、杰克·凯德、扎克雷、农民战争)每一次都是反动的,第二,这种运动每一次都被镇压下去。城市无产阶级成了现代一切民主运动的核心;小资产者,尤其是农民,总是跟在他们后面。1789年的法国革命,英国、法国和美国东部各州的现代历史都证明了这一点"。④ "农村群众由于分散于广大地区,难以达到大多数人的意见一致,所以他们永远不能胜利地从事独立的运动"。⑤ "农民对这种可怕的压迫恨得咬牙切齿,可是要让他们举行起义却很困难。他们散居各地,要取得任何共同协议都无比困难。农民世代相传,习惯于顺从;在许多地区,已经禁绝使用武器;剥削的严酷程

---

① [德]马克思、恩格斯:《共产党宣言》,北京:人民出版社2018年版,第35页。
② 《马克思恩格斯全集》(第42卷),北京:人民出版社2016年版,第767页。
③ 《马克思恩格斯选集》(第4卷),北京:人民出版社1972年版,第312页。
④ 《马克思恩格斯文集》(第1卷),北京:人民出版社2009年版,第661页。
⑤ 《马克思恩格斯文集》(第2卷),北京:人民出版社2009年版,第520页。

度随着主人的不同而有轻有重;所有这些情况,都促使农民默认忍受。"①为此,要使农民成为无产阶级的可靠同盟军必须进行教育引导。

(2) 关于农民思想政治工作的任务

马克思和恩格斯认为,为了壮大无产阶级革命力量,必须通过思想政治教育使农民成为革命的同盟军。为此,对农民进行教育的主要任务是进行无产阶级革命思想的宣传,改变农民思想的局限性,增强农民的革命意识。马克思和恩格斯指出:"除非预先把人民中广大群众——这里就是农民——争取过来,否则就不可能取得持久的胜利。而耐心的宣传工作和议会活动,在这里也被认为是党的当前任务。"② "既然他们是带着小资产阶级和农民的思想和愿望来的,那就不能忘记,无产阶级如果向这些思想和愿望让步,它就会丧失自己在历史上的领导地位。"③ "要做到这一点,就必须在斗争和鼓动的各个方面都要加倍努力。"④

(3) 关于农民思想政治工作的内容

马克思和恩格斯根据无产阶级革命的需要和当时农民的实际情况,提出了对农民进行宣传教育的主要内容。

要对农民进行提高革命意识的教育。马克思指出,对农民来说,"虽然伟大的历史运动在他们身边掠过,有时也把他们卷入运动中去,但是他们对于推动运动前进的力量的性质,对于运动的发生和目的,是一点也不了解的"⑤。为此,就要"把社会主义民主主义的种子撒到这些工人当中去,鼓舞他们和团结他们去坚持自己的权利"⑥。

---

① 《马克思恩格斯文集》(第2卷),北京:人民出版社2009年版,第232页。
② 《马克思恩格斯选集》(第4卷),北京:人民出版社2012年版,第394—395页。
③ 《马克思恩格斯选集》(第4卷),北京:人民出版社2012年版,第536页。
④ 《马克思恩格斯选集》(第3卷),北京:人民出版社2012年版,第207页。
⑤ 《马克思恩格斯全集》(第4卷),北京:人民出版社1958年版,第560页。
⑥ 《马克思恩格斯文集》(第4卷),北京:人民出版社2009年版,第531页。

要对农民进行资本主义不能保证他们利益的教育。恩格斯指出:"我们党的义务是随时随地向农民解释:他们的处境在资本主义还统治着的时候是绝对没有希望的,要保全他们那样的小块土地所有制是绝对不可能的,资本主义的大生产将把他们那无力的过时的小生产压碎,正如火车把独轮手推车压碎一样是毫无问题的。"①

要对农民进行无产阶级政党土地纲领的教育。恩格斯指出,针对"自从工人运动发生以来,西欧的资产者,特别是在农民小块土地所有制占优势的地区,不用很费气力就能够激起农民对社会主义工人的怀疑和憎恨,把他们想象成 partageux,即'均产分子',想象成设法抢夺农民财产的一群懒惰而贪婪的城里人"②的问题,要对农民进行无产阶级政党土地纲领的教育,"这里主要的是使农民理解,我们要挽救和保全他们的房产和田产",而这"只有把它们变成合作社的占有和合作社的生产才能做到。"③同时要让农民了解,"把他们的私人生产和私人占有变为合作社的生产和占有,不是采用暴力,而是通过示范和为此提供社会帮助"实现。④

(4) 关于农民思想政治工作的方法

马克思和恩格斯根据当时农民的实际情况,提出了对其进行宣传教育的主要方法,认为报刊宣传、革命实践、示范引导、讲故事、解决生活实际问题是教育农民的有效方法。

马克思和恩格斯非常重视报刊对农民的宣传教育作用,指出:"党的报刊的任务是什么呢?首先是组织讨论,论证、阐发和捍卫党的要求,批驳和推翻敌对党提出的各种要求和论断。"⑤ "报纸最大的好处,就是它每日都能干预运动,能够成为运动的喉舌,能够反映出当前的整个局势,能

---

① 《马克思恩格斯文集》(第4卷),北京:人民出版社2009年版,第527页。
② 《马克思恩格斯文集》(第4卷),北京:人民出版社2009年版,第509页。
③ 《马克思恩格斯文集》(第4卷),北京:人民出版社2009年版,第525页。
④ 《马克思恩格斯文集》(第4卷),北京:人民出版社2009年版,第524页。
⑤ 《马克思恩格斯全集》(第4卷),北京:人民出版社1958年版,第300页。

够使人民和人民的日刊发生不断的、生动活泼的联系。"① 他们还认为，为了更好地发挥报刊的重要作用，必须做到坚持正确的宣传方向，刊物"将全部用来刊载那些表明现代文明社会处于什么样的状况的事实，利用雄辩的事实来宣传彻底改造的必要"②。"绝对放弃政治是不可能的；主张放弃政治的一切报纸也在从事政治"③。

马克思和恩格斯非常重视革命实践对农民的教育作用，认为农民"只有在革命中才能抛掉自己身上的一切陈旧的肮脏东西，才能成为社会的新基础"④，"最容易理解的语言是农民阶级在行使选举权时所获得的实际经验，是农民阶级在革命的急剧发展进程中接连遭到的失望。"⑤ 1887年恩格斯在给弗·凯利-威士涅威茨基夫人的信中说："越少从外面把这种理论硬灌输给美国人，而越多地由他们通过自己的亲身经验（在德国人的帮助下）去检验它，它就越会深入他们的心坎。"⑥ 马克思和恩格斯认为示范引导是对农民宣传教育更有效的方法，他们指出："不要硬把别人在开始时还不了解、但很快就能学会的一些东西灌输给别人，从而使初期不可避免的混乱现象变本加厉。"⑦ 恩格斯在《法德农民问题》中明确指出，在将私人生产和占有的土地转化为合作社生产和占有时，要通过示范和为此提供社会帮助的方法，让农民自愿走上合作社的道路而不是采取强制的办法。

马克思和恩格斯认为讲故事是更适合农民的宣传教育方法。恩格斯在《德国民间故事书》中指出，小说故事可以让农民在繁重的劳动后得以消

---

① 《马克思恩格斯全集》（第7卷），北京：人民出版社1959年版，第3页。
② 《马克思恩格斯全集》（第2卷），北京：人民出版社1957年版，第594页。
③ 《马克思恩格斯全集》（第17卷），北京：人民出版社1963年版，第449页。
④ 《马克思恩格斯全集》（第3卷），北京：人民出版社1956年版，第78页。
⑤ 《马克思恩格斯选集》（第1卷），北京：人民出版社2012年版，第527页。
⑥ 《马克思恩格斯选集》（第4卷），北京：人民出版社2012年版，第588页。
⑦ 《马克思恩格斯选集》（第4卷），北京：人民出版社2012年版，第586—587页。

遣解闷，恢复精神；可以让农民在现实苦难的生活中保持对未来美好生活的向往；可以教化道德，"这就是同圣经一样使他们有明确的道德感，使他们意识到自己的力量、自己的权利和自己的自由，激发他们的勇气并唤起他们对祖国的热爱"。①

马克思和恩格斯认为解决生活实际问题是对农民宣传教育的最有效方法，指出"无产阶级想要有任何胜利的可能性，就应当善于变通地直接为农民做很多事情，就像法国资产阶级在进行革命时为当时法国农民所做的那样"②，"经济的发展会使农民的头脑接受我们的话"③。

马克思和恩格斯关于农民思想政治工作的重要性、教育的任务、教育的内容、教育的方法的思想，虽然形成于当时历史条件下，是根据无产阶级革命的需要和农民的实际情况提出的，但是其对农民进行思想政治教育是必要的、教育的内容和方法应符合农民的需求和特点的精神实质，对我国当代农村思想政治工作仍具有重要的指导价值。

2. 列宁关于农民思想政治工作的思想

俄国十月社会主义革命后，列宁在领导苏联人民进行社会主义革命和建设的过程中，继承并发展了马克思和恩格斯的农民思想政治工作思想。

（1）关于农民思想政治工作的必要性

列宁在领导苏维埃社会主义革命和建设的过程中提出，必须对农民进行思想政治教育，否则社会主义革命和建设难以成功，无产阶级政权难以巩固。

列宁认为，俄国的农民占大多数，他们是社会主义革命和建设不可忽视的力量。他指出，在俄国"非常突出"的"第一个特点"，"就是我国的无产阶级不但是少数，而且是极少数，占大多数的是农民。"俄国革命

---

① 《马克思恩格斯全集》（第2卷），北京：人民出版社2005年版，第84页。
② 《马克思恩格斯文集》（第3卷），北京：人民出版社2009年版，第404页。
③ 《马克思恩格斯文集》（第3卷），北京：人民出版社2009年版，第404页。

在很大程度上首先是一场"农民资产阶级革命"。①"农民在我国是决定性的因素"。②"勤劳的农民是我国经济振兴的'中心人物'"。③"我们过去怎样争取和今后如何继续'争取'农民（站到无产阶级这方面来）的问题"，同"国内和平还是国内战争"问题一起，是"两个极其重要的、根本的、世界性的（涉及世界政治的实质）问题"。④"在一个小农国家里，只要绝大多数居民还没有觉悟到必须进行社会主义革命，无产阶级政党就决不能提出'实施'社会主义的目的。"⑤

列宁还认为，要使存在旧思想、旧习俗的农民担当起社会主义革命和建设的重任，必须对其进行思想政治教育。他指出，"农民是很落后的"，要巩固无产阶级与农民阶级的联盟是"一项很困难的任务"，必须用无产阶级的思想意识去影响农民，使其摆脱"资产阶级的剥削、领导和影响，把他们争取过来，以便共同战胜剥削者"⑥。"农民不是社会主义者……我们应当赶快用我们的一切宣传手段、一切国家力量、一切教育、一切党的手段和力量来说服非党农民"⑦。他还指出，"俄罗斯民族在小生产条件下形成的，那种钩心斗角、互不信任、互相敌视、各行其是、尔虞我诈等恶劣风气，那些最根深蒂固的偏见，那种一成不变、世代相传的落后的习惯，就如同一座奇重无比的大山，在现实中是很难轻易获得改变的。"⑧他在《论苏维埃共和国所处的国际和国内形势》中指出："俄国完成了三次革命，但奥勃洛摩夫们仍然存在。"⑨（"奥勃洛摩夫"是拖拉、怠惰、思

---

① 《列宁全集》（第41卷），北京：人民出版社1986年版，第1页。
② 《列宁全集》（第43卷），北京：人民出版社1987年版，第80页。
③ 《列宁全集》（第41卷），北京：人民出版社1986年版，第377页。
④ 《列宁全集》（第42卷），北京：人民出版社1987年版，第86页。
⑤ 《列宁全集》（第29卷），北京：人民出版社1985年版，第166页。
⑥ 《列宁全集》（第42卷），北京：人民出版社1987年版，第5页。
⑦ 《列宁全集》（第40卷），北京：人民出版社1986年版，第144—145页。
⑧ 《列宁全集》（第39卷），北京：人民出版社1988年版，第100页。
⑨ 《列宁全集》（第43卷），北京：人民出版社1987年版，第12页。

想观念落后的代名词,代表的是当时俄国农民中普遍存在的消极、落后的文化心理。)此外,他还说:"宗教是广大农民的鸦片,教导他们在人间要顺从和忍耐,把希望寄托在天国的恩赐上,让农民憧憬死后的幸福生活;宗教是一杯精神上的劣质酒,饮了这杯酒就毁坏了自己做人的形象,不再要求多少过一点人样的生活。"① 为此,他强调"必须同残余的破坏现象、混乱状态、可笑的本位主义的争吵作斗争,这应当是我们的主要任务"②。

(2) 关于农民思想政治工作的内容

列宁根据社会主义革命和建设的需要,针对俄国农民的特点,提出了农民思想政治工作的主要内容:

第一,对农民进行党的纲领政策教育。列宁认为,"任何一个代表着未来的政党的任务,都是说服多数人民相信其纲领和策略的正确。"③ 为了让农民拥护布尔什维克党,拥护苏维埃政权,就"应当尽量确切而详细地说明新型的国家即苏维埃共和国是无产阶级专政的最高形式",是广大农民利益的维护者。

第二,对农民进行保家卫国教育。列宁认为,当国家出现战争,苏维埃政权面临危机时,一定"要向他们说清楚,要么是高尔察克和邓尼金,要么是苏维埃政权即工人的政权(专政),中间道路是没有的,而且也不可能有。应使每个工人和农民知道,究竟为什么进行斗争,假如高尔察克或邓尼金胜利,他们会遭遇到什么"④。以激励青年农民积极参加保家卫国战争,捍卫新生的苏维埃政权。

第三,对农民进行社会主义教育。列宁认为,要使农民热爱社会主义,就要对农民进行什么是社会主义的教育。要向农民讲清楚,"我们的党,在苏维埃中占多数的党是团结一致地保卫着他们的利益的,而千百万

---

① 《列宁全集》(第12卷),北京:人民出版社1987年版,第134—135页。
② 《列宁全集》(第36卷),北京:人民出版社1985年版,第320页。
③ 《列宁全集》(第34卷),北京:人民出版社1985年版,第154页。
④ 《列宁全集》(第37卷),北京:人民出版社1986年版,第43页。

城市中的工人、战壕中的士兵和农村中的农民照旧拥护我们的党,决心无论如何要使和平成功,使社会主义胜利!"①

第四,对农民进行无神论教育。列宁认为,宗教是一种信仰,要让农民摒弃它,不能采用强迫的手段,而是进行无神论教育。为此,要加强农村的扫盲工作,向农民传播科学文化知识,提高农民的科学文化水平;要对农民进行无神论和唯物主义的宣传,帮助农民形成科学的世界观、价值观,走出宗教迷梦。列宁在《社会主义和宗教》一文中还提出了"翻译和大量传播法国18世纪的启蒙著作和无神论著作"②的要求。

第五,对农民进行摆脱旧风俗习惯教育。列宁认为,在农村中存在诸多不良社会风气,如本位主义、自私自利、宗教迷信以及"奥勃洛摩夫习气"等,束缚着农民的思想,影响着农村的进步,我们要努力"培养和教育劳动群众,使他们克服旧制度遗留下来的旧习惯、旧风气,那些在群众中根深蒂固的私有者的习惯和风气"③。

(3) 关于农民思想政治工作的途径

列宁认为,向农民进行思想政治教育,主要有城市带动农村、发挥鼓动员和宣传员作用、提供学习资料、大力发展经济等途径。

第一,以城市带动农村做好农民思想政治工作。列宁根据当时俄国城市工人阶级思想先进,农民阶级思想落后但人数多的情况,认为:"农民只有同觉悟的工人携手前进,才能获得土地和自由。"④为此,列宁提出,城市党支部要同农村党支部建立联系,他们都应该团结起来,以便实现统一发动和统一行动,以便开展宣传工作。⑤"在农村建立党支部,

---

① 《列宁全集》(第3卷),北京:人民出版社1985年版,第359页。
② 唐晓峰:《马克思恩格斯列宁斯大林论宗教》,北京:中国社会科学出版社1979年版,第536页。
③ 《列宁全集》(第39卷),北京:人民出版社1988年版,第401页。
④ 《列宁全集》(第14卷),北京:人民出版社1988年版,第212页。
⑤ 《列宁全集》(第60卷),北京:人民出版社1990年版,第370页。

所有的城市支部都'分配'给农村支部"。① 列宁还提出，要派遣城市党员到农村担任职务，以"实现无产阶级对农民的领导作用，实现城市无产阶级的专政，即对富有的、资产阶级的、进行剥削和投机的农民展开经常性的斗争"。②

同时还提出："我们能够而且应当利用我们的政权使城市工人真正成为在农村无产阶级中传播共产主义思想的人。"③ "必须在工厂工人中组成许多以经常帮助农村发展文化为宗旨的团体"④，发挥城市青年团、工会等团体在农村传播社会主义知识和教育农民中的作用。

第二，动员鼓动员宣传员做好农民思想政治工作。列宁认为，充分发挥鼓动员和宣传员作用，是做好农民思想政治工作的又一途径。他指出，每一个"到农村工作的党的鼓动员"，都"应该把自己的工作同教育人民委员部的工作、同普遍军训的工作和政治委员的工作配合起来，他应该把自己看作国家政权的代表和俄国执政党的代表，宣传和鼓动对象是一个带有妥协性和动摇性的农民阶级。他在农村不只是宣传员和教育者，同时还是督促人员，督促那些不闻世事的教师和几十个几百个政治委员来参加党的鼓动"⑤。鼓动员和宣传员除了向农民宣传党的方针政策外，还要联系农村实际，回答农民关心的问题，向农民讲明白资本主义与社会主义的区别，揭露资本主义的本质，宣传社会主义的目的、责任以及相关的政治常识。据统计，1918年12月至1920年12月，苏联在全国范围内共开辟了包括农村在内的20条宣传专列和宣传客轮专线，共举办上千次大型知识讲

---

① 《列宁全集》（第43卷），北京：人民出版社1987年版，第360页。
② 《列宁全集》（第39卷），北京：人民出版社1988年版，第28页。
③ 《列宁全集》（第43卷），北京：人民出版社1987年版，第359页。
④ 《列宁全集》（第43卷），北京：人民出版社1987年版，第380页。
⑤ 《列宁全集》（第39卷），北京：人民出版社1988年版，第140页。

座,散发报纸和传单约300万份。① 实践证明,鼓动员和宣传员在农村思想政治教育中发挥了重要的作用。

第三,通过向农民提供必要的学习资料做好农民思想政治教育。列宁认为,要提高农民的思想政治觉悟,必须向农民提供必要的可供阅读的学习资料。他指出:"光认得几个字是成不了大事的。我们需要大大提高文化。必须使每个人真正能够运用他的读和写的本领,必须使他有东西可读,有报纸和宣传小册子可看,必须合理的分配这些书刊。"② 他强调要使报纸"成为真正的人民的政治报纸";对编写农民读物小册子提出具体要求:"叙述要非常通俗,是给文化程度极低的农民看的。该读物提供的材料应当做到可供当众宣讲,也可供家庭阅读,可以单篇翻印,也可以稍加补充译成其他语言。"③ 同时强调,必须搞好小册子的发行工作,以供农民阅读,从而达到教育的目的。

第四,通过发展经济做好农民思想政治教育。列宁认为,发展经济、改善生活条件是做好农民思想政治教育不可忽视的途径。他指出,"目前整个形势所提出的一个基本问题,作为我们共和国对内对外政策首要问题之一提出的一个基本问题,就是发展整个经济,首先是发展农业。"④ 实践也证明,由于在国家特殊时期实行了战时共产主义政策,影响了农民的生活,严重挫伤了农民的积极性,因此苏维埃政府在战争一结束就颁布了维护农民利益的新经济政策。

(4) 关于农民思想政治工作的方法

第一,理论灌输法。列宁认为,农民由于经济地位、生活条件、文化条件的限制,不可能自己产生共产主义意识,因此要通过大范围的理论灌

---

① [俄] T. C. 格奥尔吉耶娃:《俄罗斯文化史——历史与现代》,焦东建、董茉莉译,北京:商务印书馆2006年版,第531页。
② 《列宁全集》(第33卷),北京:人民出版社1985年版,第56页。
③ 《列宁全集》(第35卷),北京:人民出版社1985年版,第396页。
④ 《列宁全集》(第42卷),北京:人民出版社1987年版,第283页。

输,才能使农民了解、接受共产主义思想。在对农民进行理论灌输时,要注意语言的通俗性,他指出:"在农村工作的宣传员和鼓动员在工作中要使用农民群众能听得懂的语言,而不能够完全照看书本上的语言;和农民群众相处时要深入了解实际情况,而不能够像剥削者一样对农民发号施令。"①

第二,榜样示范法。列宁认为,在农村工作的鼓动员们要善于使用榜样示范的方法进行农民思想政治工作。比如,苏维埃政权在1918年推行了农业公社的政策,但是农民自身存在封闭性和落后性的特点,看不到加入合作社的好处。列宁强调,加入合作社不能使用强迫的手段,而是要遵循自愿的原则,吸引一部分积极分子加入,起到榜样作用,再带动更多的人加入合作社。列宁指出:"要想影响千百万小农经济,只能采取谨慎的逐步的办法,只能靠成功的实际例子,因为农民非常实际,固守老一套的经营方法,要使他们进行某种重大的改变,单靠忠告和书本知识是不行的。"他强调,在进行榜样示范教育中,要少唱些政治高调,多注意些平凡的,但是生动的、来自生活并经过生活检验的共产主义建设方面的事情,因为这样更能打动农民。

第三,电影宣传法。列宁认为,在农民思想政治工作中,要"更广泛和更经常地利用电影进行宣传"②。因为电影生动形象更容易被农民接受。列宁还对电影放映工作提出具体要求,如必须对电影进行严格审查,多放有宣传教育意义的影片,严禁放映反革命的、淫秽的电影。

列宁在领导俄国社会主义革命和建设中,继承和发展了马克思和恩格斯的农民思想政治工作思想,提出了符合本国实际的农民思想政治工作思想。这些思想对我国当代农村思想政治工作具有指导意义。

---

① 《列宁全集》(第33卷),北京:人民出版社1985年版,第206页。
② 《列宁全集》(第37卷),北京:人民出版社1986年版,第361页。

(二) 中国共产党主要领导人关于开展农民思想政治工作的论述

中国共产党在领导中国人民革命和建设的实践中,以马克思主义为指导,将马克思主义与中国革命和建设实践相结合,推动了马克思主义的中国化。关于农民思想政治工作的思想是马克思主义中国化的重要内容之一,也是开展农村思想政治工作的指导思想。

1. 毛泽东关于农民思想政治工作的论述

毛泽东是中国共产党的创建人之一,是中国化马克思主义的创始人。他在领导中国新民主主义革命和社会主义革命与建设中,非常重视对农民的教育工作,论述了农民思想政治教育的重要性、教育的基本原则、教育的主要内容、教育的基本方法等内容,对我们今天开展农村思想政治工作具有重要指导价值。

(1) 关于农民思想政治工作的重要性

毛泽东认为,"谁赢得了农民,谁就会赢得中国。"[①] 农民在中国革命和建设中所处的地位和自身的特点,决定了对其进行思想政治教育的重要性。

毛泽东认为,农民是新民主主义革命的主力军。他指出,"在中国,只要一提到武装斗争,实质上即是农民战争"[②];"若无农民从农村中奋起打倒宗法封建的地主阶级之特权,则军阀与帝国主义势力,总不会根本倒塌"[③];"中国共产党的武装斗争,就是在无产阶级领导之下的农民战争"[④];"无产阶级的坚固的同盟者是农民"[⑤];"中国的农民群众和城市小

---

① [美] 埃德加·斯诺:《斯诺眼中的中国》,王恩光译,北京:中国学术出版社1982年版,第47页。
② 《毛泽东选集》(第2卷),北京:人民出版社1991年版,第605页。
③ 《毛泽东选集》(第1卷),北京:人民出版社1991年版,第39页。
④ 《毛泽东选集》(第2卷),北京:人民出版社1991年版,第609页。
⑤ 《毛泽东选集》(第2卷),北京:人民出版社1991年版,第607页。

资产阶级群众,是愿意积极地参加革命战争,并愿意使战争得到彻底胜利的。他们是革命的主力军"①。新中国成立后,毛泽东认为农民是社会主义建设的重要力量。他指出,农民人口占中国总人口的80%。过去我们革命依靠农民援助取得了胜利,现在要使国家工业化得以实现,也必须要依靠这些农民的援助。为此,他反复强调,"严重的问题是教育农民"②,如果不重视农民的教育工作,占中国总人口80%的农民的思想和文化技术水平得不到提高,实现国家现代化也就变成了一句空话。

毛泽东还认为,农民阶级所具有的落后性一面决定了对其进行思想政治教育的重要性。他认为,"落后的思想意识难以使农民积极参与革命斗争中去,由于没有先进文化的指导,又阻碍了农民参加革命斗争的步伐"③;小生产的特点,使他们的政治眼光受到了限制(一部分无业群众则具有无政府思想)④;他们不像无产阶级"没有狭隘性和自私自利性"。因此,毛泽东强调:"我们应该长期地耐心地教育他们,帮助他们摆脱背上的包袱,同自己的缺点错误作斗争,使他们能够大踏步地前进。"⑤

(2) 关于农民思想政治工作的基本原则

毛泽东在领导中国革命和建设中,在开展农民思想政治工作时,强调要遵循正确的原则:

第一,物质利益原则。物质利益原则是指在思想政治教育中要关心农民的物质需要,尽力满足农民正当的物质要求。毛泽东认为,"解决土地问题是一切工作的根本。"⑥ "地方工作就是要联系群众,其中心是要解决

---

① 《毛泽东选集》(第1卷),北京:人民出版社1991年版,第183页。
② 《毛泽东选集》(第1卷),北京:人民出版社1991年版,第39页。
③ 《毛泽东选集》(第3卷),北京:人民出版社1991年版,第849页。
④ 《毛泽东选集》(第1卷),北京:人民出版社1991年版,第183页。
⑤ 《毛泽东选集》(第2卷),北京:人民出版社1991年版,第849页。
⑥ 《毛泽东文集》(第4卷),北京:人民出版社1996年版,第199页。

土地问题。"① "任何政党的政策如果不顾到这些阶级的利益,如果这些阶级的人们不得其所,如果这些阶级的人们没有说话的权利,要想把国事弄好是不可能的。"② 他指出,在做政治动员时"一切空话都是无用的,必须给人民以看得见的物质福利"③。农民思想政治工作一定要"解决群众的生产和生活的问题,盐的问题,米的问题,房子的问题,衣的问题,生小孩子的问题,解决群众的一切问题"④。

第二,群众中心原则。群众中心原则是指在思想政治教育中要把农民群众放在第一位。毛泽东认为:"有无群众观点是我们同国民党的根本区别,群众观点是共产党员革命的出发点与归宿。从群众中来,到群众中去,想问题从群众出发就好办。"⑤ 他要求在思想政治教育中要尊重农民、相信农民、发动农民,指出:"菩萨要农民自己去丢,烈女祠、节孝坊要农民自己去摧毁,别人代庖是不对的。"⑥ 要"根据目前的农村特点,根据农村人民的需要和自愿的原则,采用适宜的内容和形式"⑦。

第三,实事求是原则。实事求是原则是指在思想政治教育中,要从农民的生产生活和思想的实际情况出发,以农民的现实情况为基本依据。毛泽东认为,不熟悉农民,不了解农村,也很难对农民进行教育。"乡村小学校的教材,完全说些城里的东西,不合农村的需要。"⑧ 因此,在农民思想政治工作中要坚持"两条原则:一条是群众的实际上需要,而不是我们脑子里幻想出来的需要;一条是群众的自愿,由群众自己下决心,而不是

---

① 《毛泽东文集》(第4卷),北京:人民出版社1996年版,第269页。
② 《毛泽东选集》(第3卷),北京:人民出版社1991年版,第808页。
③ 《毛泽东选集》(第3卷),北京:人民出版社1991年版,第912页。
④ 《毛泽东选集》(第1卷),北京:人民出版社1991年版,第138—139页。
⑤ 《毛泽东文集》(第3卷),北京:人民出版社1996年版,第71页。
⑥ 《毛泽东选集》(第1卷),北京:人民出版社1991年版,第33页。
⑦ 《毛泽东选集》(第3卷),北京:人民出版社1991年版,第922页。
⑧ 《毛泽东选集》(第1卷),北京:人民出版社1991年版,第40页。

由我们代替群众下决心"①。在工作中"要按照当地环境提出具体口号"②。

（3）关于农民思想政治工作的主要内容

毛泽东根据新民主主义革命与社会主义革命和建设的需要，结合不同历史时期我国农民思想状况，提出了对农民进行思想政治工作的主要内容。

第一，新民主主义革命时期农民思想政治工作的主要内容。在北伐战争时期，毛泽东强调对农民开展唤醒革命意识的工作。他呼吁要"从他们的痛苦与需要中，引导他们组织起来，引导他们向土豪劣绅争斗；引导他们与城市的工人、学生、中小商人合作，建立起联合战线；引导他们参与反帝国主义、反军阀的国民革命运动"③。在土地革命战争时期，毛泽东强调对农民开展阶级意识教育、党的政策教育和马克思主义理论教育。毛泽东提出要通过宣传教育来启发农民的阶级意识，使农民从宗法观念的迷醉中觉醒，使之从自在的阶级转化为自为的阶级，并且"在每一行动之前，必须向党员和群众讲明我们的相应政策，以避免他们因执行错误的政策而导致错误的行动"④。针对农民在入党、参加红军时，将一些非无产阶级思想带入党和红军内部，使得"红四军的共产党内存在着各种非无产阶级的思想，这对于执行党的正确路线，妨碍极大"⑤的情况，毛泽东要求在党内、军内进行马克思主义理论教育，克服非无产阶级思想对党和红军的侵蚀。在抗日战争时期，毛泽东强调对农民进行抗战动员，指出："如此伟大的民族革命战争，没有普遍和深入的政治动员，是不能胜利的。"⑥ 因此，向农民宣传抗战的意义，唤醒农民的民族意识，动员农民积极参加抗

---

① 《毛泽东选集》（第3卷），北京：人民出版社1991年版，第1013页。
② 《毛泽东选集》（第1卷），北京：人民出版社1991年版，第270页。
③ 《毛泽东文集》（第1卷），北京：人民出版社1993年版，第39页。
④ 《毛泽东选集》（第4卷），北京：人民出版社1991年版，第1386页。
⑤ 《毛泽东选集》（第1卷），北京：人民出版社1991年版，第85页。
⑥ 《毛泽东选集》（第2卷），北京：人民出版社1991年版，第480页。

日斗争和根据地建设是抗日战争时期党对农民的思想政治教育的主要内容。在解放战争时期，毛泽东强调对农民开展科学社会主义教育，他针对当时农村中存在的农业社会主义思想，指出："现在农村中流行的一种破坏工商业、在分配土地问题上主张绝对平均主义的思想，它的性质是反动的、落后的、倒退的。"①"脱离工业、只要农业来搞什么社会主义，这是破坏生产、阻碍生产发展的，是反动的。"② 他还指出："凡属人民群众的正确的意见，党必须依据情况，领导群众，加以实现；而对于人民群众中发生的不正确的意见，则必须教育群众，加以纠正。"③

第二，社会主义革命和建设时期农民思想政治工作的主要内容。新中国成立后，毛泽东把对农民思想政治工作的重点放在改造农民的私有观念和对农民进行社会主义、集体主义教育。他指出："政治工作的基本任务是向农民群众不断地灌输社会主义思想。"④ 使全国五亿多农民实行社会主义改造这样一种惊天动地的事业，是不可能在一种风平浪静的情况下出现的，它要求我们共产党人向着背着旧制度包袱的广大农民群众，进行耐心的、生动的、容易被他们理解的宣传教育工作。三大改造完成后，我国进入社会主义建设时期，毛泽东指出：要"帮助广大农民群众和乡社干部进一步弄清国家和农村中的大是大非，说明当前国家所实行的各项根本政策的正确性，说明资本主义道路只能使极少数人发财，使大多数人贫困和破产，而社会主义才是农民共同发展和共同富裕的唯一出路"⑤。

(4) 关于农民思想政治工作的基本方法

毛泽东指出："我们的任务是过河，但是没有桥或没有船就不能过。

---

① 《毛泽东选集》（第4卷），北京：人民出版社1991年版，第1314页。
② 《毛泽东文集》（第5卷），北京：人民出版社1996年版，第139页。
③ 《毛泽东选集》（第4卷），北京：人民出版社1991年版，第1310页。
④ 《建国以来重要文献选编》（第10册），北京：中央文献出版社1994年版，第528页。
⑤ 《毛泽东选集》（第1卷），北京：人民出版社1991年版，第139页。

不解决桥和船的问题，过河就是一句空话。不解决方法问题，任务也只是瞎说一顿。"① 毛泽东通过亲身领导和参与农民思想政治工作，提出了适合农民特点的思想政治教育方法。

第一，说理教育方法。毛泽东认为，要解决农民的思想认识问题，只能采用以理服人的说理教育方法，他指出："不抛弃命令主义的工作方法而采取耐心说服的工作方法，那么，什么任务也是不能实现的。"② 为使说理教育取得成效，毛泽东在古田会议决议中提出了著名的"十大教授法"，包括：启发式（废止注入式）；由近及远；由浅入深；说话通俗化；说话要明白；说话要有趣味；以姿势助说话；后次复习前次的概念；要提纲；干部班要用讨论式。

第二，以情感人方法。毛泽东认为，要使农民接受思想政治教育，必须关心农民的生活，了解农民的疾苦，帮助他们解决实际困难和问题。他指出，"我们对于广大群众的切身利益问题，群众的生活问题，就一点也不能疏忽，一点也不能看轻。"③ "我们要胜利，一定还要做很多的工作。领导土地斗争，分土地给农民；提高农民的劳动热情，增加农业生产；保障工人的利益；建立合作社；发展对外贸易；解决群众的穿衣问题，吃饭问题，住房问题，柴米油盐问题，疾病卫生问题，婚姻问题。总之，一切群众的实际生活问题，都是我们应当注意的问题。"④ 为此，毛泽东号召党的政治工作者"跑到你那熟悉的或不熟悉的乡村中间去，夏天晒着酷热的太阳，冬天冒着严寒的风雪，挽着农民的手，问他们痛苦是什么，问他们要些什么。引导他们向土豪劣绅争斗，引导他们与城市的工人、学生、中小商人合作建立起联合战线，引导他们参与反帝国主义反军阀的国民革命

---

① 《毛泽东选集》（第1卷），北京：人民出版社1991年版，第139页。
② 《毛泽东选集》（第1卷），北京：人民出版社1991年版，第140页。
③ 《毛泽东选集》（第1卷），北京：人民出版社1991年版，第136页。
④ 《毛泽东选集》（第1卷），北京：人民出版社1991年版，第136—137页。

运动"①。

第三，榜样示范方法。毛泽东认为，对农民进行思想政治教育，不能仅从空洞的理论出发，必须用农民切身经历的或者发生在身边的活生生的事例来教育的方法，这样才更容易使农民接受理论、践行思想。毛泽东主张让群众从军队、农村、工厂及政府机关中，用民主选举的方法来选出典型、选出优秀分子，充当战斗英雄、劳动英雄及模范工作者，给予奖励与教育，经过他们去鼓励与团结广大的群众。他说，"共产党员的先锋作用和模范作用是十分重要的"②，领导者只有以身作则，才能以己正人，以理服人。"一切未脱离生产的农村党员，应以发展生产为自己充当群众模范的条件之一。"③

毛泽东在领导我国新民主主义革命、社会主义革命和建设中，继承和发展了马克思、恩格斯、列宁的农民思想政治工作思想，提出了符合我国实际的农民思想政治工作的论述，是我国当代农村思想政治工作的理论基础。

2. 邓小平、江泽民、胡锦涛关于农民思想政治工作的论述

改革开放以后，邓小平、江泽民、胡锦涛以马克思主义为指导，在中国特色社会主义建设和发展中，继承和发展了毛泽东关于农民思想政治工作的思想。

（1）邓小平关于农民思想政治工作的论述

邓小平作为我国改革开放和社会主义现代化建设的总设计师，在探索中国特色社会主义的过程中，十分重视对农民的思想政治教育。

第一，关于农民思想政治工作的地位和作用。我国改革开放序幕从农村开启，对于这一时期思想政治工作的地位和作用应如何认识和评价，邓

---

① 《毛泽东文集》（第1卷），北京：人民出版社1993年版，第39页。
② 《毛泽东选集》（第2卷），北京：人民出版社1991年版，第522页。
③ 《毛泽东文集》（第3卷），北京：人民出版社1996年版，第241页。

小平给予了深刻阐述。1980年8月，他就明确提出，尽管我们要解决的问题很多，但是"我们一定要把思想政治工作放在非常重要的地位，切实认真做好，不能放松。"① 他认为思想政治工作"无论过去、现在和将来，这都是我们的真正优势"②。在党的十二届二中全会上，他又指出："在工作重心转到经济建设以后，全党要研究如何适应新的条件，加强党的思想工作，防止埋头经济工作、忽视思想工作的倾向。"③ 1985年9月，在中国共产党全国代表会议上，邓小平又强调"思想政治工作和思想政治工作队伍都必须大大加强，决不能削弱"④。

第二，关于农民思想政治工作的根本任务。邓小平在1983年接见外宾时指出："建设社会主义的精神文明，最根本的是使广大人民有共产主义理想，有道德，有文化，守纪律。"⑤ 他认为，我们国家国力的强弱，经济发展后劲的大小越来越取决于劳动者的素质，而要提高劳动者的素质，最根本的就是培养"四有"新人。⑥ 1985年3月，邓小平在全国科技工作会议上明确提出："教育全国人民做到有理想、有道德、有文化、有纪律。这四条里面，理想和纪律特别重要。""为什么我们过去能在非常困难的情况下奋斗出来，战胜千难万险使革命胜利呢？就是因为我们有理想，有马克思主义信念，有共产主义信念。我们干的是社会主义事业，最终目的是实现共产主义。这一点，我希望宣传方面任何时候都不要忽略。"⑦

第三，关于农民思想政治工作的基本原则。一是要坚持解放思想、实事求是。邓小平认为："真正的马克思列宁主义者必须根据现在的情况，

---

① 《邓小平文选》（第2卷），北京：人民出版社1994年版，第342页。
② 《邓小平文选》（第3卷），北京：人民出版社1993年版，第144页。
③ 《邓小平文选》（第3卷），北京：人民出版社1993年版，第48页。
④ 《邓小平文选》（第3卷），北京：人民出版社1993年版，第145页。
⑤ 《邓小平文选》（第3卷），北京：人民出版社1993年版，第28页。
⑥ 《邓小平文选》（第3卷），北京：人民出版社1993年版，第205页。
⑦ 《邓小平文选》（第3卷），北京：人民出版社1993年版，第110页。

认识、继承和发展马克思列宁主义。""世界形势日新月异,不以新的思想、观点去继承、发展马克思主义,不是真正的马克思主义者。"① 他强调"我们讲解放思想,是指在马克思主义指导下打破习惯势力和主观偏见的束缚,研究新情况解决新问题"②。邓小平力主求实作风,强调思想政治教育一定要注重实效,指出:"群众关心的实际生活问题和时事政策问题,各级领导一定要经常据实讲解",只有让"群众从事实上感觉到党和社会主义好,这样,理想纪律教育,共产主义思想教育和爱国主义教育,才会有效"③。二是要坚持以经济建设为中心。邓小平指出:"我们的生产力发展水平很低,远远不能满足人民和国家的需要,这就是我们目前时期的主要矛盾,解决这个主要矛盾就是我们的中心任务。"④ "社会主义现代化建设是我们当前最大的政治"⑤,"政治工作要落实到经济上面,政治问题要从经济的角度来解决"⑥。三是要坚持以说服教育为主,法纪处理为辅。邓小平深刻总结了"文化大革命"的教训,他强调思想政治工作决不能再走过去的老路,必须"坚持对思想上的不正确倾向以说服教育为主的方针,不搞任何运动和'大批判'。对坚持错误拒绝改正的党员要执行党纪,但是在处理这些问题的时候不允许重犯任何简单化、扩大化的'左'的错误"⑦。在强调"以说服教育为主"的同时,邓小平认为,应当在"必要时采取一些行政手段和法律手段"⑧。他说:"疏导,也包括运用法律的手段。如果破坏社会秩序,触犯了刑律,就必须坚决处理。"⑨ 四是要坚持教

---

① 《邓小平文选》(第3卷),北京:人民出版社1993年版,第291—292页。
② 《邓小平文选》(第2卷),北京:人民出版社1994年版,第279页。
③ 《邓小平文选》(第3卷),北京:人民出版社1993年版,第144—155页。
④ 《邓小平文选》(第2卷),北京:人民出版社1994年版,第182页。
⑤ 《邓小平文选》(第3卷),北京:人民出版社1993年版,第163页。
⑥ 《邓小平文选》(第2卷),北京:人民出版社1994年版,第195页。
⑦ 《邓小平文选》(第3卷),北京:人民出版社1993年版,第145页。
⑧ 《邓小平文选》(第3卷),北京:人民出版社1993年版,第208页。
⑨ 《邓小平文选》(第3卷),北京:人民出版社1993年版,第194页。

育要联系实际。邓小平认为,理论联系实际是教育人、培养人必须坚持的原则,指出:"教育一定要联系实际"①,"学马列要精,要管用"②,思想政治工作"不是满足于热热闹闹,主要的是要做经常的、细致的工作,做人的工作"③。五是要坚持以身作则,身教胜于言教。"以身作则,率先垂范"是邓小平对思想政治工作者的要求,他指出,"我们一定要把思想政治工作放在非常重要的地位,切实认真做好,不能放松。这项工作,各级党委要做,各级领导干部要做,每个党员都要做。要做得有针对性、细致深入和为群众所乐于接受。最重要的条件,就是凡是需要动员群众做的,每个党员,特别是担负领导职务的党员,必须首先从自己做起。"④ 他说:"每个党员都能以身作则,我们的一切事情就都好办了。"⑤

邓小平上述关于思想政治教育的思想,虽然直接阐述农民思想政治工作的内容较少,但是对全体人民、对青年的教育中都包含对农民群体进行思想政治工作的内容,因而也应是关于农民思想政治教育的思想。

(2) 江泽民关于农民思想政治工作的论述

第一,关于农民思想政治工作的重要性和必要性。江泽民认为,越是深化改革、扩大开放,越是发展社会主义市场经济,就越要适应新的形势,全面加强和改进全党和全社会的思想政治工作。他指出,"在新的时期,教育和提高农民的任务仍然很繁重。越是搞改革开放和社会主义市场经济,越要重视和加强对农民特别是青年农民进行爱国主义、集体主义、社会主义教育。农村的阵地,社会主义思想和优良的社会风尚不去占领,落后的错误思想和消极不良的社会风气就必然会去占领。这个问题,各级

---

① 《邓小平文选》(第3卷),北京:人民出版社1993年版,第144页。
② 《邓小平文选》(第1卷),北京:人民出版社1994年版,第69页。
③ 《邓小平文选》(第1卷),北京:人民出版社1994年版,第69页。
④ 《邓小平文选》(第2卷),北京:人民出版社1994年版,第342页。
⑤ 《邓小平文选》(第2卷),北京:人民出版社1994年版,第342页。

党委务必高度注意。"①

第二,关于农民思想政治工作的重点内容。江泽民在1995年为《农民思想政治教育读本》所撰写的序言中指出:"从当前农村的情况看,在农民群众中进行邓小平同志建设有中国特色的社会主义理论和党的基本路线教育的基础上还要抓好这样几个教育:一是加强爱国主义教育。二是加强集体主义教育。三是加强社会主义市场经济的基本知识,以及普及科学常识,反对封建迷信、封建宗法活动的教育。四是加强富了不忘国家、不忘社会而应多为国家为社会作贡献的教育。五是加强勤俭持家、艰苦奋斗的教育。"② 同时,江泽民认为提高农民科学素质是农民思想政治教育的重要内容。江泽民在党的十五大政治报告中提出了实施科教兴国和可持续发展战略。他认为,在农村实施两个战略,关键在于提高农民的科学素质,"农业要增加投入,仅靠大规模增加新的资源,尤其是自然资源的投入显然是不现实的,根本出路是提高资源的利用率,提高农业投入中的科技含量,提高农业劳动者的素质。""要狠抓科教兴农,把农业发展转到依靠科技进步和提高农民素质的轨道上来。"③

第三,关于农民思想政治工作的原则。江泽民强调要加强针对性,使思想政治教育面向农民实际。他指出:"开展思想政治工作,要注意因地制宜,因人制宜,因事制宜,因时制宜。不同地区、不同部门、不同领域的干部群众处的环境、承担的任务、面临的问题不同,其思想活动的特点和要求也会有不同。工人、农民、知识分子、干部、军人、离休人员等都有自己的特点,千篇一律地做工作,是不会取得效果的。做工作一定要把

---

① 《江泽民文选》(第1卷),北京:人民出版社2006年版,第276页。
② 《江泽民思想年编(1989—2008)》,北京:中央文献出版社2010年版,第216页。
③ 《江泽民思想年编(1989—2008)》,北京:中央文献出版社2010年版,第241页。

握这些特点和要求,有针对性地进行。"①

第四,关于农民思想政治工作的途径、方式和方法。一是大力加强农村精神文明建设。江泽民指出,"各级党委要始终坚持两手抓、两手都要硬。在领导农村工作的过程中,既要大力加强农村社会主义物质文明建设,又要重视和加强农村社会主义精神文明建设",② 要"搞好社区文化、村镇文化,把精神文明建设落实到城乡基层"③。二是要坚持以优秀的作品鼓舞人。江泽民指出,"宣传文化工作能不能团结人民、鼓舞人民,很大程度上要看有没有一大批好的精神产品。"④ 而"树立正确的创作思想,是出好作品的关键。首先要解决好为谁服务的问题。工人、农民、知识分子是我国社会主义现代化建设的主体力量,他们的劳动实践、工作实践是我国社会生活的主流。我们的精神产品应该着力去反映他们从事改革开放和现代化建设的生动实践,反映他们创造美好生活的聪明才智和精神风貌,为他们创作和生产更多更好的精神食粮"⑤。他建议,"为了搞好我们的创作、表演,可以经常开一些座谈会,听听工人、农民、知识分子、解放军指战员的意见,听听民主党派和社会各界的意见。希望广大宣传文化工作者走出去、走下去,深入生活、深入群众,从人民群众的改革和建设的伟大实践中汲取丰富的思想营养,创作出无愧于时代的优秀作品。"⑥ 三是倡导开展爱国卫生运动。江泽民指出,"做好农村卫生工作,保护和增进农民健康,对于推进农村经济社会全面协调发展,对于加强农村物质文明和精神文明建设,具有十分重要的意义。"⑦ 要把"普及八亿多农民健康教育

---

① 《江泽民文选》(第3卷),北京:人民出版社2006年版,第90页。
② 《江泽民文选》(第1卷),北京:人民出版社2006年版,第276页。
③ 《江泽民文选》(第1卷),北京:人民出版社2006年版,第238—239页。
④ 《江泽民文选》(第1卷),北京:人民出版社2006年版,第506页。
⑤ 《江泽民文选》(第1卷),北京:人民出版社2006年版,第507页。
⑥ 《江泽民文选》(第1卷),北京:人民出版社2006年版,第508页。
⑦ 《江泽民文选》(第1卷),北京:人民出版社2006年版,第601页。

行动以及农村改水改厕,作为卫生工作的重点,积极加以推进,把这项工作同创建文明城市、文明村镇活动结合起来","通过普及医学卫生知识,教育和引导群众养成良好的卫生习惯,倡导文明生活方式"。①

(3) 胡锦涛关于农民思想政治工作的论述

第一,关于农民思想政治工作的目标任务。要"围绕提高农民素质、勤劳致富奔小康和建设社会主义新农村这个目标,加强对农民群众思想政治教育和科学文化教育"②。通过思想政治教育,"积极培育造就有文化、懂技术、会经营的新型农民,为建设社会主义新农村提供思想保证、精神动力、智力支持"③。

第二,关于农民思想政治工作的原则。坚持以人为本,强化主体意识是重要原则。"充分发挥广大农民群众的主体作用,是确保建设社会主义新农村成功的关键。"④ 因此,"必须注重调动广大农民的积极性和主动性,尊重农民的首创精神"⑤。

第三,关于农民思想政治工作的内容。一是提高农民政治素质的教育,要"以邓小平建设有中国特色社会主义理论和党的路线方针政策,引导农民坚持勤劳致富,走共同富裕道路,自觉履行公民义务,正确处理国家、集体、个人的利益关系;用爱国主义、集体主义、社会主义思想去牢固占领农村思想文化阵地,提高农民分辨美和丑、善和恶、进步和落后、文明和愚昧的能力,自觉抵制封建迷信活动和非法宗教活动,倡导健康文

---

① 《江泽民文选》(第1卷),北京:人民出版社2006年版,第603页。
② 《胡锦涛文选》(第1卷),北京:人民出版社2016年版,第225—226页。
③ 《十六大以来重要文献选编(下)》,北京:中央文献出版社2011年版,第285页。
④ 《十六大以来重要文献选编(下)》,北京:中央文献出版社2011年版,第285页。
⑤ 《十六大以来重要文献选编(下)》,北京:中央文献出版社2011年版,第284页。

明的生活方式"①。二是加强民主法治教育。"要采取多种形式,广泛宣传基层民主选举的法律知识、方法步骤,广泛宣传农村基层民主选举与农民群众切身利益的关系,引导农民群众增强民主意识,珍惜自身权利,推动农村基层民主有序发展、农村基层组织积极发挥作用。""要在农村广泛开展基本法律知识的宣传教育,特别要加强同保障农民群众切身利益紧密相关的法律法规的宣传教育,使农民群众增强法制观念、增强依法行使权利的能力和履行义务的自觉性。要积极引导农民群众以理性合法的形式表达利益诉求。"② 三是要加强农民科学素质教育。"在我们这样一个人口大国、农业大国,解决农业问题的出路,既要靠政策、靠改革、靠调动广大农民的积极性,又要靠科学技术。从长远和根本上说,要开辟我国农业发展的广阔前景,关键在于农业科技进步。"③

第四,关于农民思想政治工作的途径。胡锦涛认为,在社会主义新农村建设中,农民思想政治教育的主要途径是加强农村精神文明建设,满足农民精神文化需要,提高农民素质。他指出,"农村对于全面建设社会主义现代化国家而言,不仅要着力改善农民群众的物质生活,而且要着力改善他们的精神文化生活。各级党委和政府都要采取更加有力的措施,切实加强农村精神文明建设"。④ 他要求,要"开展群众性精神文明创建活动和农民教育培训等","大力提高基层特别是农村教育、科技、文化、卫生、体育服务能力,满足人民群众日益增长的精神文化需要,促进人的全面发展。"⑤ 为此,一是要繁荣农村文化事业。"开展多种形式、生动活泼的文

---

① 《十六大以来重要文献选编(上)》,北京:中央文献出版社2011年版,第117页。
② 《胡锦涛文选》(第1卷),北京:人民出版社2016年版,第225—226页。
③ 《十六大以来重要文献选编(下)》,北京:中央文献出版社2011年版,第284页。
④ 《十六大以来重要文献选编(上)》,北京:中央文献出版社2011年版,第123—124页。
⑤ 《胡锦涛文选》(第2卷),北京:人民出版社2016年版,第291页。

化活动,满足农民群众多层次、多方面的精神文化需求,使社会主义先进文化牢固占领农村阵地。""要积极探索适合基层特点、适应群众需要的新的文化服务方式,组织好多种形式的公益性文化活动,把健康向上的文化产品和服务送到城乡基层,着力丰富农村、偏远山区、进城务工人员精神文化生活,切实解决基层特别是农民群众看书难、看报难、看电影电视难的问题。"① 二是要倡导健康文明的新风尚。要弘扬"以爱国主义为核心的民族精神和以改革创新为核心的时代精神,深入开展农村形势和政策教育,认真实施公民道德建设工程,积极推动群众性精神文明创建活动,引导农民崇尚科学、抵制迷信、移风易俗、破除陋习,逐步形成健康文明的农村新风貌"②。

(三) 习近平总书记关于新时代农村思想政治工作的重要论述

党的十八大以来,习近平总书记根据世情、国情、党情、民情的变化,特别是根据全面建设社会主义现代化国家和新时代"三农"发展的要求,发表了一系列关于新时代农村思想政治工作的重要论述。

1. 关于农村思想政治工作的重要性和必要性

习近平总书记认为"三农"问题是关系国计民生的根本性问题,是实现中华民族伟大复兴的基础和关键。他指出,"到二〇二〇年全面建成小康社会,最突出的短板在'三农',到二〇三五年基本实现社会主义现代化,大头重头在'三农',到二〇五〇年把我国建成富强民主文明和谐美丽的社会主义现代化强国,基础在'三农'。"③ "小康不小康,关键看老

---

① 《十六大以来重要文献选编(下)》,北京:中央文献出版社2011年版,第285页。
② 《胡锦涛文选》(第3卷),北京:人民出版社2016年版,第66页。
③ 《习近平关于"三农"工作论述摘编》,北京:中央文献出版社2019年版,第11页。

乡。中国要强，农业必须强；中国要美，农村必须美；中国要富，农民必须富。"①"农业农村农民问题是关系国计民生的根本性问题，必须始终把解决好'三农'问题作为全党工作重中之重。"②

习近平总书记还认为，"三农"的核心是农民。他指出，"建设社会主义新农村，人是最活跃的因素，最关键的内容，最基本的前提。新农村建设是一项全面的建设任务，不但要抓硬件，还要抓软件；不但要有新农村，还要有新农民；不但要推进经济建设，还要推进政治、文化和社会建设。其核心就是人，归宿也都是人。建设新农村也应该是农民的自身价值、自身素质不断提高的过程。如果我们改变了农村的外在面貌，却没有改变农民的精神面貌，那么新农村建设还是在低层次开展。只有在建设农村、发展农业的同时，用现代文明、先进理念武装农民、提高农民，努力使农民成为具有新理念、新思想、新知识、新文化、新精神、新技能、新素质、新能力的新型农民，新农村建设才具有更加深远的意义和更加长久的活力，才能取得真正的成效。"③

农民的整体素质直接决定着社会主义新农村建设的目标、社会主义现代化强国的目标能否实现，但是当下农民的素质距目标的要求还有较大差距。习近平总书记指出，"总的看，当前农业基础还比较薄弱，农民年龄知识结构、农村社会建设和乡村治理方面存在的问题则更为突出。比如，一些村庄缺人气、缺活力、缺生机，到村里一看，农宅残垣断壁，老弱妇孺留守，房堵窗、户封门，见到的年轻人不多，村庄空心化、农户空巢化、农民老龄化不断加剧。……比如，一些村庄'形虽在，神已散'，优秀道德规范、公序良俗失效，不孝父母、不管子女、不守婚则、不睦邻里

---

① 《习近平关于"三农"工作论述摘编》，北京：中央文献出版社2019年版，第3页。
② 《习近平关于"三农"工作论述摘编》，北京：中央文献出版社2019年版，第5页。
③ 习近平：《之江新语》，杭州：浙江人民出版社2007年版，第198页。

等现象增多,红白喜事盲目攀比、大操大办等陈规陋习盛行。比如,乡土社会的血缘性和地缘性减弱,农民组织化程度低、集体意识弱,'事不关己、高高挂起'的心态普遍存在,乡村秩序的基础受到冲击。比如,一些农村基层党组织软弱涣散,村干部队伍青黄不接、后继乏人,少数干部作风不实、优亲厚友,'小官巨贪'时有发生,对惠农项目资金'雁过拔毛'的'微腐败'也不同程度存在。这些问题带有一定的普遍性,不仅中西部地区有,沿海发达地区也存在。"① 针对现代化进程中农民素质存在的问题,习近平总书记强调,"农村精神文明建设很重要,要物质文明和精神文明一起抓,特别要注重提升农民精神风貌。"② "要实现农村的和谐稳定和长治久安,就必须继续加强思想道德建设"。③

2. 关于农村思想政治工作的重要目标任务

思想政治工作是做人的工作,是培养人、塑造人、提升人的素质的工作,习近平总书记提出的农村要培养造就两支队伍的要求,就是农村思想政治工作的目标和任务。两支队伍,即懂农业、爱农村、爱农民的"三农"工作队伍和爱农业、懂技术、善经营的新型职业农民队伍。习近平总书记在党的十九大报告中指出,要加强农村基层基础工作,必须"培养造就一支懂农业、爱农村、爱农民的'三农'工作队伍"④。习近平总书记还指出,"提高农民,就要提高农民素质,培养造就新型农民队伍。"⑤ 要

---

① 《习近平关于"三农"工作论述摘编》,北京:中央文献出版社2019年版,第8—9页。

② 《习近平关于"三农"工作论述摘编》,北京:中央文献出版社2019年版,第122页。

③ 习近平:《之江新语》,浙江:浙江人民出版社2007年版,第199页。

④ 习近平:《决胜全面建成小康社会 夺取新时代中国特色社会主义伟大胜利——在中国共产党第十九次全国代表大会上的报告》,北京:人民出版社2017年版。

⑤ 《习近平关于"三农"工作论述摘编》,北京:中央文献出版社2019年版,第142页。

"造就一支适应现代农业发展的高素质职业农民队伍"①,要"推进城乡发展一体化,就地培养更多爱农业、懂技术、善经营的新型职业农民"②。

3. 关于农村思想政治工作的主要内容

习近平总书记根据新时代中国特色社会主义发展目标和乡村振兴战略的要求,提出了农村思想政治工作的主要内容。

一是加强思想教育。习近平总书记指出,"要弘扬和践行社会主义核心价值观,坚持教育引导、实践养成、制度保障三管齐下,以农民群众喜闻乐见的方式,深化中国特色社会主义和中国梦宣传教育,弘扬民族精神和时代精神,加强爱国主义、集体主义、社会主义教育。要丰富农民精神文化生活,加强无神论宣传教育,抵制封建迷信活动。"③

二是加强乡村道德建设。习近平总书记指出:"国无德不兴,人无德不立。……要加强乡村道德建设,深入挖掘乡村熟人社会蕴含的道德规范,结合时代要求进行创新,强化道德教化作用,引导农民爱党爱国、向上向善、孝老爱亲、重义守信、勤俭持家。"④

三是加强民主法治教育。习近平总书记指出:"要深入开展法治宣传教育,引导广大农民增强守法用法意识,发挥好村规民约、村民民主协商、村民自我约束自我管理在乡村治理中的积极作用。"⑤

四是加强绿色发展理念教育。习近平总书记指出,要教育引导农民

---

① 《习近平关于"三农"工作论述摘编》,北京:中央文献出版社2019年版,第144页。
② 《习近平关于"三农"工作论述摘编》,北京:中央文献出版社2019年版,第96页。
③ 《习近平关于"三农"工作论述摘编》,北京:中央文献出版社2019年版,第123页。
④ 《习近平关于"三农"工作论述摘编》,北京:中央文献出版社2019年版,第125页。
⑤ 《习近平关于"三农"工作论述摘编》,北京:中央文献出版社2019年版,第134页。

"坚持人与自然和谐共生,走乡村绿色发展之路"①,"推行绿色发展方式和生活方式,让生态美起来、环境靓起来,再现山清水秀、天蓝地绿、村美人和的美丽画卷"②,"让农民成为绿色空间的守护人"③。

五是推进移风易俗,树立文明乡风。习近平总书记指出:"乡村是要有人情味但不能背人情债,要在传统礼俗和陈规陋习之间划出条线,告诉群众什么是提倡的,什么是反对的。要旗帜鲜明反对天价彩礼,旗帜鲜明把反对铺张浪费、反对婚丧大操大办、抵制封建迷信作为农村精神文明建设的重要内容,推动移风易俗,树立文明乡风。要发挥红白理事会、村规民约的积极作用,约束村民攀比炫富、铺张浪费的行为,引导树立勤俭节约的文明新风"④。

六是开展"扶志""扶智"教育。针对扶贫工作中出现的"干部干,群众看""干部着急,群众不急"和一些贫困群众"等、靠、要"思想等问题,习近平总书记强调扶贫工作要加大内生动力培育力度,他指出,"扶贫要同扶智、扶志结合起来。智和志就是内力、内因。没有内在动力,仅靠外部帮扶,帮扶再多,也不能从根本上解决问题。要注重调动贫困群众的积极性、主动性、创造性,注重培育贫困群众发展生产和务工经商的基本技能,注重激发贫困地区和贫困群众脱贫致富的内在活力,注重提高贫困地区和贫困群众自我发展能力。要改变简单给钱、给物、给牛羊的做法,教育和引导广大群众用自己的辛勤劳动实现脱贫致富。"⑤

---

① 《习近平关于"三农"工作论述摘编》,北京:中央文献出版社2019年版,第111页。
② 《习近平关于"三农"工作论述摘编》,北京:中央文献出版社2019年版,第111页。
③ 《习近平关于"三农"工作论述摘编》,北京:中央文献出版社2019年版,第113页。
④ 《习近平谈治国理政》(第2卷),北京:外文出版社2017年版,第90页。
⑤ 《习近平谈治国理政》(第2卷),北京:外文出版社2017年版,第90—91页。

4. 关于农村思想政治工作的原则

习近平总书记特别强调农村思想政治工作要坚持以农民为中心的原则。他指出,"我们强调务必以人为本谋'三农',就是要把切实提高农民素质、实现人的全面发展,作为'三农'工作的根本出发点和落脚点,实现好、维护好、发展好农民的物质利益和民主权利,不断增强农民群众的自我发展能力。"① 一方面,要"充分发挥农民群众在'三农'发展中的主体作用"②,"充分尊重农民的首创精神","充分发挥农民的积极性"。③ 在扶贫工作中,要"坚持群众主体,激发内生动力。正确处理外部帮扶和贫困群众自身努力关系,培育贫困群众依靠自力更生实现脱贫致富意识,培养贫困群众发展生产和务工经商技能,组织、引导、支持贫困群众用自己辛勤劳动实现脱贫致富,用人民群众的内生动力支撑脱贫攻坚。"④ 另一方面,"要尊重农民意愿和维护农民权益,把选择权交给农民,由农民选择而不是代替农民选择,不搞强迫命令、不刮风、不一刀切。"⑤ 在谈到落实易地搬迁脱贫措施时,习近平总书记指出,"一些贫困群众虽然生活艰难,但故土难离观念很重。要坚持群众自愿、积极稳妥,尊重群众意愿,加强思想引导,不搞强迫命令"⑥,"让广大农民在乡村振兴中有更多获得感、幸福感、安全感。"⑦

---

① 习近平:《之江新语》,杭州:浙江人民出版社 2007 年版,第 102 页。
② 习近平:《之江新语》,杭州:浙江人民出版社 2007 年版,第 100 页。
③ 习近平:《之江新语》,杭州:浙江人民出版社 2007 年版,第 105 页。
④ 习近平:《之江新语》,杭州:浙江人民出版社 2007 年版,第 197 页。
⑤ 《习近平关于"三农"工作论述摘编》,北京:中央文献出版社 2019 年版,第 178 页。
⑥ 《习近平关于"三农"工作论述摘编》,北京:中央文献出版社 2019 年版,第 54 页。
⑦ 《习近平关于"三农"工作论述摘编》,北京:中央文献出版社 2019 年版,第 167 页。

5. 关于农村思想政治工作的载体

习近平总书记认为，新时代农村思想政治工作要注重发挥文化载体、治理载体和活动载体的作用。

一是注重发挥文化载体作用，涵育文明乡风，提高农民文明程度。习近平总书记指出，"优秀乡村文化能够提振农村精气神，增强农民凝聚力，孕育社会好风尚。"① "农耕文化是我国农业的宝贵财富，是中华文化的重要组成部分，不仅不能丢，而且要不断发扬光大。"② 我们要"传承发展提升农耕文明，走乡村文化兴盛之路"③，要"深入挖掘优秀传统农耕文化蕴含的思想观念、人文精神、道德规范，培育挖掘乡土文化人才，弘扬主旋律和社会正气，培育文明乡风、良好家风、淳朴民风，改善农民精神风貌，提高乡村社会文明程度，焕发乡村文明新气象"④。同时，"要推动文化下乡，鼓励文艺工作者深入农村、贴近农民，推出具有浓郁乡村特色、充满正能量、深受农民欢迎的文艺作品。要整合乡村文化资源，广泛开展农民乐于参与的群众性文化活动。要培育挖掘乡土文化人才，开展文化结对帮扶，制定政策引导企业家、文化工作者、科普工作者、退休人员、文化志愿者等投身乡村文化建设，形成一股新的农村文化建设力量。"⑤

---

① 《习近平关于"三农"工作论述摘编》，北京：中央文献出版社2019年版，第19页。
② 《习近平关于"三农"工作论述摘编》，北京：中央文献出版社2019年版，第123页。
③ 《习近平关于"三农"工作论述摘编》，北京：中央文献出版社2019年版，第121页。
④ 《习近平关于"三农"工作论述摘编》，北京：中央文献出版社2019年版，第122页。
⑤ 《习近平关于"三农"工作论述摘编》，北京：中央文献出版社2019年版，第125—126页。

二是注重发挥治理载体作用,通过乡村善治提高农民素质。习近平总书记指出,要"创新乡村治理体系,走乡村善治之路"①。通过健全自治、法治、德治相结合的乡村治理体系,推动社会治理和服务重心向基层下移。让农民自己'说事、议事、主事',做到村里的事村民商量着办。引导干部群众尊法学法守法用法,依法表达诉求、解决纠纷、维护权益,尤其是"要按照社会主义核心价值观的基本要求,完善乡规民约等行为准则,使社会主义核心价值观成为人们日常工作生活的基本遵循"②。

三是注重发挥活动载体作用,通过开展精神文明创建活动提高农民素质。习近平总书记指出,"要把社会主义核心价值观的要求融入各种精神文明创建活动中,吸引群众广泛参与,提高精神境界、培育文明风尚。"③

6. 关于农村思想政治工作主体的建设

农村基层党组织尤其是村级党支部是农村思想政治工作的主体。习近平总书记要求要高度重视农村基层党组织建设,他指出,"我们常讲,'村看村、户看户、农民看支部','给钱给物,还要建个好支部'。"④"农村要发展,农民要致富,关键靠支部。"⑤"村级党组织是党在农村全部工作的基础。"⑥"基础不牢,地动山摇。农村工作千头万绪,抓好农村基层组织建设是关键。无论农村社会结构如何变化,无论各类经济社会组织如何

---

① 《习近平关于"三农"工作论述摘编》,北京:中央文献出版社2019年版,第123页。
② 《习近平关于"三农"工作论述摘编》,北京:中央文献出版社2019年版,第135页。
③ 《习近平关于"三农"工作论述摘编》,北京:中央文献出版社2019年版,第135—136页。
④ 《习近平谈治国理政》,北京:外文出版社2014年版,第165页。
⑤ 《习近平谈治国理政》,北京:外文出版社2014年版,第165页。
⑥ 《习近平关于"三农"工作论述摘编》,北京:中央文献出版社2019年版,第185页。

发育成长，农村基层党组织的领导地位不能动摇、战斗堡垒作用不能削弱。"① 农村基层党组织要不断加强自身建设，为实施乡村振兴战略、全面建设社会主义现代化国家提供组织保证。习近平总书记指出，"乡村振兴不是坐享其成，等不来，也送不来，要靠广大农民奋斗。村党支部要成为帮助农民致富、维护农村稳定、推进乡村振兴的坚强战斗堡垒。"②

我国历届主要领导人对于农村思想政治工作和农民素质的提高工作都十分重视。他们针对不同时期的农村工作中心任务和发展要求，系统地提出了农村思想政治工作的指导思想。这些都为当代的农村思想政治工作提供了理论基础，并促进了农村各项新工作的进一步开展。

第二节　农村思想政治工作对象

本书对农村思想政治工作对象的界定范围是：农村党员和农村群众。

第一，农村党员（以村级组织中的党员为主）。农村党员是指组织关系在农村党支部的党员，农村党员里面包括农民党员（农业户口的）和其他党员（非农业户口），乡镇干部属于农村党员。农村党员（包括普通党员及基层组织委员会成员）具有一定的特殊性，他们既承担着农村思想政治工作的组织和实施任务，又是思想政治工作的对象，在行文中会根据具体内容使用"党员群众""党员干部"的提法。

第二，农村群众（以农民为主体）。随着我国就业形式的日益多样化，农民群众的职业角色也变得越来越多样化。早在20世纪90年代就有学者将农民（在城乡二元结构下，具有农村户籍的公民）按照从事不同劳动分

---

① 《习近平谈治国理政》，北京：外文出版社2014年版，第190页。
② 习近平：《之江新语》，杭州：浙江人民出版社2007年版，第200页。

为 8 种类型：农业劳动者、农民工、雇工、农民知识分子、个体劳动者和个体工商户、私营企业主、乡镇企业管理者、农村管理者。① 此后，学界开始以职业划分为视角，开展了大量关于农民分化的研究，形成了一种以职业为标准界定农民概念的研究趋势。随着我国城乡一体化战略的推进，在打破城乡二元结构的政策导向下，对农民去身份化、强调职业化的观念也在逐步形成，"农民"越来越成为对专职从事农业生产的人群的职业称呼。若将农村思想政治工作的对象单纯地界定为"农民"会引起歧义，因此，本书使用"农民"和"农民群众"这两个概念，以更好地满足研究需要和开展农村思想政治工作的需要。其中，"农民群众"不仅包括专门从事农业生产的农民，还包括从事其他职业的人群。另外，由于经常外出务工的农民工中有大部分人的户籍在农村，并且国家的"三农"政策对他们有很大的影响，因此他们也被纳入农村思想政治工作的范围内。但是，本书不涉及对他们在外出务工过程中的思想政治工作的研究。

第三节　农村思想政治工作的主要特点

辩证唯物主义认为，矛盾的普遍性和特殊性相互联系、对立统一。矛盾的特殊性即矛盾的个性，矛盾的普遍性即矛盾的共性，共性寓于个性之中；而矛盾的普遍性又贯穿于矛盾的特殊性之中，共性统摄着个性。

在我国，农村思想政治工作具有党的思想政治工作的共性特点，同时也具备其自身的特点。因此，分析和了解新时代农村思想政治工作的特点对于正确认识和促进农村思想政治工作具有重要意义。通过对矛盾普遍性

---

① 陆学艺、张厚义：《农民的分化、问题及其对策》，载《农业经济问题》，1990 年第 1 期，第 16—21 页。

和特殊性的理解，我们可以更好地把握农村思想政治工作的共性和特殊性，进而更加全面地认识和推进农村思想政治工作。

一、重农的传统与当代的挑战交织

中国共产党自成立以来就高度重视农民的思想政治工作，这是党的优良传统。从某种意义上说，中国共产党领导人民进行革命、建设和改革的历史，就是中国共产党人探索和解决农民问题的历史，也是党的农村思想政治工作从初创、探索到逐步成熟的历史。在革命战争时期，中国共产党深入农村，宣传、教育和组织农民，开创了党探索和解决农民问题的先河。经过长期的探索，党制定了正确的土地革命路线，获得了广大农民群众的认同，夺取了新民主主义革命的胜利。在新中国建立后，中国共产党清醒地认识到，我国农村占国土大部分、农民占人口大多数的国情决定了没有农村的现代化，就不会有国家的现代化，农村现代化首先要有现代化的农业和现代化的农民。因此，在我国从革命转向现代化建设的过程中，教育、引导、改造和组织农民，始终是党高度重视的问题。改革开放以后，党更加突出加强农村思想政治工作和农村社会主义精神文明建设。在新世纪新时代，党和政府制定了"工业反哺农业，城市支持农村"的方针，提出了建设社会主义新农村、新型城镇化、乡村振兴等战略任务，其中都将加强农村思想政治工作作为重要内容。党的农村思想政治工作的优秀传统和丰富经验，为全面建设社会主义现代化国家过程中深入开展农村思想政治工作提供了坚实的基础、积累了丰富的资源。

然而，随着我国现代化进程的不断推进，尤其是改革开放后，人民公社解体，家庭联产承包责任制和村民自治的实行，一方面解放了农村生产力，焕发了农民个体的生产热情，改善了农民的生活；另一方面弱化了农村集体经济，同时冲击了社会主义、集体主义思想。在社会主义市场经济发展过程中，我国城乡差距明显，农民收入增长缓慢，青年农民向城市流动的趋势增强，农村社会矛盾越发突出。农民是农村的主人，建设新时代的农村，实现农村现代化的关键所在就是如何塑造新型农民，真正发挥农民的主体作用。这些都是时代发展给农村思想政治工作提出的严峻挑战。因此，在全面建设社会主义现代化国家进程中农村思想政治工作的特点是，党的农村思想政治工作传统与时代所提出的挑战相互交织。

二、内生工作主体与嵌入工作主体特点交融

思想政治工作队伍是农村思想政治工作的主体和承担者，它肩负着宣传贯彻党的路线、方针、政策以及为实现党在各个时期的任务提供思想保证的重要职责。这个队伍是一个由组织和个人组成的集合体，承担农村思想政治工作职能。农村思想政治工作队伍包括内生工作主体和嵌入工作主体两个部分。内生工作主体是指本地的组织和个人。组织工作主体有农村基层党组织、共青团组织、妇女组织、各种经济合作组织、社会文化组织等；个人工作主体有农村基层干部、农村党员、乡村教师、乡老、农村乡土文化传承人、知识青年、退伍军人等。嵌入工作主体主要包括以解决"三农"问题为目标的调查研究团队、以"教育、文化、卫生、科技"下乡为主要目标的志愿服务团队、以扶贫攻坚为目标的驻村帮扶工作组，以及为促进新农村建设、落实城乡一体化和乡村振兴战略而扎根农村建功立业的有志之士等。随着社会主义现代化强国建设目标的逐步推进，农村思想政治工作嵌入工作主体的数量不断增大。

内生工作主体和嵌入工作主体虽然都承担着农村思想政治工作的任务，但有不同的特点。农村思想政治工作内生工作主体有其天然的工作优势。内生的组织工作主体及个人工作主体，他们多有很近的地缘关系甚至亲缘关系，与农民群众具有相同或相似的背景，往往能够采取很"接地气"的方式开展工作。例如，他们能够将党和国家的方针政策及思想道德教育的内容用当地惯用的方言和土语，传递给农民群众，使宣传思想工作

贴近生活、贴近实际、贴近农民，有效提高农村思想政治工作实效性。农村基层党组织作为内生工作主体的核心，在农村实际生活中具有重要作用。据调查，党组织健全，党组织工作到位，尤其是有一位有文化、党性强、有责任心、有一方老百姓不富裕誓不罢休的意志和决心的党支部书记，他所在的农村就有活力，发展就快。但是，内生工作主体也在一定程度上存在封闭性的局限。由于内生工作主体大多生在农村、长在农村、工作在农村，其工作内容主要集中在农村事务，且大部分人从事涉农职业，因此他们的受教育水平整体较低，考虑问题的站位不够高，眼界不够开阔，思维较局限。

相对于内生工作主体，农村思想政治工作队伍的嵌入工作主体有其开放性较强的特点。其主要体现在：第一，构成具有开放性。嵌入工作主体主要是扶贫工作组、医疗队、文艺团体等，其成员主要是党政机关干部、科研院所研究人员、企事业单位的管理者或职工、大学生等。第二，入场任务具有开放性。每一个下乡的组织或个人都怀揣着为农村建设做贡献的梦想和目标，但具体任务各不相同，有所侧重。第三，思想政治工作载体具有开放性。嵌入工作主体的构成和任务的开放性，决定了其开展思想政治工作载体的开放性。比如，驻村扶贫工作组将思想政治工作贯穿于扶贫工作之中，科技、卫生、文化下乡组织将思想政治工作渗透于科技培训、医疗服务和文化活动之中；义务支教组织将思想政治工作融入教育教学之中。近年来，农村思想政治工作嵌入工作主体开展了大量的工作，组织了丰富多彩的活动，发挥了重要的思想政治工作作用。然而，嵌入工作主体同样也有明显的局限性，即不稳定性，比如，外来组织和人员进入的时间、人数、任务具有一定的随机性，往往是临时洽谈沟通，无法提前列入村务工作计划，以及绝大部分外来组织和个人的驻场行为是短期的，无法融入农村建设的长远规划。这种"一走一过"式的入场虽进行了一定的思想政治工作，但同时也会造成工作难以持久，效果难以巩固的局面。因此，将思想政治工作的内生工作主体和嵌入工作主体有机结合，优势互补，也是全面建设社会主义现代化国家的进程中农村思想政治工作的特点之一。

三、工作对象思想观念存在先进性和滞后性并存的冲突

农村的发展基础在于农业。无论是农业发展还是农村发展，农民都是其主体。因此，农民素质的提高成为全面建设社会主义现代化国家的关键因素之一，而培育新型职业农民则是全面建设社会主义现代化国家的现实需求。新型职业农民指以农业生产经营作为自身职业的人员，其主要特点包括：具有较高的科学文化素质、专业生产技能和职业道德素养；具有稳定的工作岗位和收入来源；具有较强的自我发展能力和市场竞争意识。

随着我国改革开放的不断深入，农民的综合素质有了很大提高，市场意识、科学意识、生态意识、民主意识、道德意识等都有所增强。然而，与新型职业农民的素质要求相比，仍存在很大的差距。大多数农民还没有完全摆脱传统的小农意识，既想加入农业产业化组织以谋求更大的发展又担心利益受到损失，犹豫不决；并且还存在一定的惰性思维，想通过科学致富，却不采取实际行动去掌握一门科学技术；对"三农"发展的现代化趋势还存在模糊认识，存在着"小富即安、小富即满"的思想。农民不仅是农业农村发展的主体，也是农村思想政治工作的对象。通过以上分析可以看出，农村思想政治工作对象的思想观念具有进步性与滞后性并存的特点。

四、宏观与个别微观工作环境矛盾突出

农村思想政治工作环境是指对农村思想政治工作及农民群众思想品德形成和发展产生影响的一切外部因素的总和。农村思想政治工作环境包括自然环境与社会环境、物质环境与精神环境、宏观环境与微观环境，它们

相互联系、相互作用，对农村思想政治工作产生影响。在全面建设社会主义现代化国家进程中，宏观环境为农村思想政治工作创造了积极条件。宏观环境包括农村社会的经济、政治、文化和大众传播环境。在经济环境方面，改革开放以后特别是社会主义市场经济的建立和发展，极大地促进了农村生产力的发展和农村经济实力的增强，农民群众的生活水平普遍提高。在政治环境方面，全面从严治党的深入推进和村民自治制度的实施，大大提高了农村基层党组织的战斗力，提高了农村党员干部的素质，农村风清气正的政治环境正在逐步形成，社会主义制度优越性在基层不断彰显，农民群众的制度自信不断加强。在文化环境方面，党和国家的文化惠农政策的实施，大大推进了农村社会主义精神文明建设的步伐，净化了农村精神环境，提高了广大农民的道德文化素养。在大众传播环境方面，新媒体的普及和互联网、无线通信网、有线网络的应用加快了信息在农村、农民间传播的速度，为农民接收信息、知识等奠定了物质基础。

这些社会宏观环境的发展，为提高农村思想政治工作的效果提供了条件和保障。然而，由于我国发展仍然存在不平衡不充分的问题，个别微观环境仍无法令人满意。在经济方面，个别县乡镇尚未脱贫，集体经济力量较弱，农民生活水平较低；在政治方面，党风政风不正、以权代法、徇私枉法等现象时有发生，以权谋私、权钱交易等腐败现象依然存在；在文化方面，社会主义先进文化与落后文化同时存在，个别地方封建迷信、赌博等不良风气成风。同时，不少农民还缺乏正确合理使用互联网的能力和意识，在网络中传播不良、消极信息，甚至传播谣言以及运用新媒体进行欺诈活动等。这些现象使农村思想政治工作受到严峻挑战，使农村思想政治工作的开展在一定程度上受到制约，效果也大打折扣。因此，宏观环境的积极作用与个别微观环境的消极作用存在的突出矛盾，是全面建设社会主义现代化国家进程中农村思想政治工作的特点，亦是难点。

第二章 农村思想政治工作的发展历程

农村思想政治教育对农村经济、政治、文化、社会等各项事业的发展有着保驾护航的作用，有助于促进农村经济、政治、文化和社会发展。无论是在革命时期还是建设时期，中国共产党都通过广泛的思想政治教育来贯彻落实农村政策。

新中国成立前，农村思想政治教育处于萌芽和形成阶段。农民是决定革命成败的关键因素，但农民的政治意识还很薄弱。因此，党在农村思想政治教育中的任务就是用马克思主义教育和武装农民，激发农民的阶级觉悟，调动农民的革命积极性和创造性，引导农民进行民主革命，掀起农村大革命高潮。由此，党确立了农村思想政治教育的阶级路线：依靠贫农，团结中农。1927年，毛泽东在《湖南农民运动考察报告》一文中表达了对党的农村思想政治教育工作的赞扬。他称赞道："开一万个法政学校，能不能在这样短的时间内普及政治教育于穷乡僻壤的男女老少，像现在农会所做的政治教育一样呢？"[①] 此外，还明确提出，开展思想政治教育，必须相信群众、依靠群众、放手发动群众、尊重群众的首创精神。

进入20世纪50年代，这是农村思想政治教育的"黄金年代"，也是农村思想政治教育最具成效的年代。这一时期党的农村思想政治教育的一

---

① 《毛泽东选集》第1卷，北京：人民出版社1991年版，第606页。

个突出特点是：实事求是、针对性强，把社会主义教育作为农村思想政治教育的核心问题。1949年毛泽东在《论人民民主专政》中提出"严重的问题是教育农民"的重要论断。他说："对于农民，我们应该长期地耐心地教育他们，帮助他们摆脱背上的包袱，同自己的缺点错误作斗争，使他们能够大踏步地前进。"①1955年毛泽东在《中国农村的社会主义高潮》一书中第一次提出了"政治工作是经济工作的生命线"的论断。1961年11月，中共中央《关于在农村进行社会主义教育的指示》指出，不断地用社会主义的思想教育农民，不断地提高农民群众的政治觉悟和爱国热情，这应当是我们一项经常性工作。

第一节　农村思想政治工作的历史转折
（1978—1992）

1978年12月18日，中国共产党召开了第十一届三中全会，揭开了我国拨乱反正和改革开放的序幕，农村思想政治工作站在了新的历史起点上。以经济建设为中心的方针路线推动了农村思想政治工作根据其内在规律不断进行调整，进一步推动了农村农民的思想解放。

一、农村思想政治工作重心的转移

（一）农村思想政治工作由服务政治转向服务经济

思想政治工作是一项涉及培育和教育人的事业。然而，在1957年至1976年期间，由于受到"左"倾错误的影响，党对于农村思想政治工作的认识产生了严重的偏差。在这段时间里，党一直以阶级斗争为纲，将思想

---

① 《毛泽东选集》第4卷，北京：人民出版社1991年版，第1471页。

斗争和政治批判作为主要的形式，一些人被错误地当作批判斗争的对象，而另一些人则成为批判别人的工具。此外，由于过分强调意识形态的作用，忽视了农村思想政治工作所依赖的经济基础。"文革"期间，林彪、"四人帮"批判"三自一包"，搞"穷过渡"，割所谓资本主义"尾巴"，致使农村经济到了崩溃的边缘。①

党的十一届三中全会从我国社会主义社会的主要矛盾是不是阶级斗争这个根本问题入手，决定从1979年起，将全党全国工作的重点转移到社会主义现代化建设上来。②改革具有关键性的第一步在农村迈开，调整农业生产关系。从1979年春开始，全国广泛兴起各种形式的生产责任制，迅速由星星之火变成燎原之势，最终把家庭联产承包责任制推广到全国。

农业生产关系的调整和改革，要求农村的上层建筑必须相应地进行改革。农村思想政治工作属于上层建筑，根据马克思主义基本原理，它必须为经济基础服务。随着党和国家工作重点的转移，农村思想政治工作的方向也随之转移，从为阶级斗争服务转变成为农村社会主义现代化建设服务，也就是由服务政治为主向服务经济为主转变。农村思想政治工作与农村经济建设不再是上下位关系，而是变成农村思想政治工作渗透到农民生活的各个领域，宣传、动员和武装广大农民群众，促进农村经济社会的发展。

（二）农村思想政治工作由理论转向实践

1978年5月后，在思想领域开始了真理标准问题的讨论，最终确认"实践是检验认识真理的唯一标准"。但是，真理标准问题展开讨论后，理论战线还没有达成共识。全党工作重心转移以后，1979年1月，胡耀邦在

---

① 高智瑜、李燕奇：《邓小平与当代中国改革》，北京：中国人民大学出版社1990年版，第54页。
② 郑德荣、朱阳：《中国共产党历史讲义》（下），长春：吉林人民出版社1981年版，第251页。

《理论工作务虚引言》中指出,"全党理论宣传工作的根本任务要把马克思列宁主义、毛泽东思想的普遍真理同实现四个现代化的伟大实践密切结合起来,研究新问题,解决新问题,尽可能地使我们的理论工作走在实际工作的前头,使马克思列宁主义、毛泽东思想在实践中不断丰富和发展,指导我们夺取新长征的胜利。"① 这表明了党的宣传思想工作发生了调整,由理论走向实践,将先进理论和实际相结合,走在人们的改革开放的实践之前又富有生命力地引导人们的实际工作。这一点对转折时期的农村思想政治工作的探索来说,是非常重要的。1983 年 1 月 2 日,中共中央印发《当前农村经济政策的若干问题的通知》(以下简称《通知》)强调农村思想政治工作应渗透到各项改革和生产活动中,以保证各项改革和生产建设任务顺利进行。这体现了农村思想政治工作不再纯粹致力于思想教育和政治教育,而是紧跟时代前进的步伐,立足于农村新的形势和农民的思想实际,培育和启迪农民,提高农民认识世界和改造世界的能力,充分调动农民的主观能动性,从而为农村的各项改革和生产建设任务提供精神动力,促进农村生产力的发展。该《通知》要求加强和改进农村思想政治工作以提高农民的思想政治觉悟,1983 年 1 月 20 日,中共中央下发《关于加强农村思想政治工作的通知》,强调在农村开展思想政治工作必须遵循理论和实际相结合的原则。这阐明了农村思想政治工作从空洞的说教走向实践,并立足于实践的观点。一方面,紧密结合农村改革开放的新实际,对农民当前亟须理论引导或重点解决的问题,提供科学、有说服力且符合农民思想实际的解释和说明,引导农民群众不断克服腐朽落后的思想文化的影响;另一方面,结合农村的新实践,真正为农民群众做实事、办好事。始终以农民群众的思想状况实际为出发点,在为农民群众办实事的过程中逐步渗透农村思想政治工作,将动员、团结、教育农民群众和服务农民群

---

① 《三中全会以来重要文献选编》(上),北京:中央文献出版社 2011 年版,第 51 页。

众紧密结合起来,通过解决实际问题引导农民群众提高精神境界。因此,农村思想政治工作从理论中心向实践中心转变,正确处理"务实"与"务虚"的关系,做到"务实"与"务虚"相结合并用,真正做好农民的教育和服务。

二、农村思想政治工作内容的调整

党的十一届三中全会后,党纠正了"左"倾错误。但是,旧的思想还在一定程度上严重影响农民,再加上在农村改革过程中,农民也面临许多新的思想问题需要解决。为了解决这些思想状况,1982年10月,中共中央召开全国农村思想政治工作会议。翌年1月,中共中央下发《关于加强村思想政治工作的通知》及其附件《当前农村思想政治宣传教育摘要》,文件系统部署和规定了新形势下农村思想政治工作的任务、原则、内容和方法等。1990年12月,中共中央国务院下发《关于1991年农业和农村工作的通知》,指示从1990年冬季开始,全国范围内的农村用两到三年的时间,分期分批进行社会主义思想教育。随后,中央宣传部和组织部于1991年2月发布了《关于在农村普遍开展社会主义思想教育的意见》,对农村思想政治工作进行了周密的部署。在这段时间里,农村思想政治工作内容不断调整,为农村改革开放提供了思想依据,为农村经济秩序的恢复营造了思想氛围,为农村精神文明建设提供了思想支撑。

(一)为农村的改革开放提供思想依据

党的十一届三中全会提出,将经济建设作为今后工作的重点。农村改革开放的经济建设任务离不开与之相适应的上层建筑,这就要求全国农民有一个统一的思想、意志和步调,为农村改革开放开创正确的舆论氛围和安定团结的社会环境,从而鼓励农民积极投身农村改革开放,促进农村经济社会的发展。

第一，坚持四项基本原则为农村改革开放提供思想保证。由于农村基层组织松散薄弱，部分农民对党最基本的政治制度失去热情甚至怀疑，对党在农村基层的理论宣传工作参与度不高，出现对党和基层干部不信任的思想倾向，再加上西方敌对势力继续对我国实施"西化""分化"，严重地制约了农村的改革开放。1979年3月，邓小平在理论工作务虚会临近结束时发表了《坚持四项基本原则》的重要讲话，这一讲话有力抨击了国内外敌对势力，并指出："我们要在中国实现四个现代化，必须在思想政治上坚持社会主义道路、坚持无产阶级专政、坚持中国共产党的领导、坚持马列主义和毛泽东思想"。① 在这样的大环境下，农村思想政治工作也必须要对农民进行旗帜鲜明的四项基本原则教育，为农村改革开放实现农业现代化提供思想保证。

针对四项基本原则的教育，农村思想政治工作遵循疏导的原则，以正面教育为主，而非采取简单粗暴的方式。通过广播、电视、群众会议和墙报等方式向农民群众宣传四项基本原则的内容，分层次有针对性地为农民群众答疑解惑。针对农民出现违反四项基本原则的错误思潮，采取耐心说服、循循善诱的方法，并在必要时进行反面教育和有说服力的批判教育，甚至在法律上进行处置。通过对农民展开四项基本原则教育，为农村改革开放树立了清风正气，团结广大农民群众勇于担当作为，开创农村改革开放新局面。

尽管党对农民进行的"四项基本原则"教育取得了较好成效，避免了农村走向资产阶级自由化的邪路或者回到改革开放以前的老路，充分发挥了社会主义的优越性，但仍然存在不利于"四项基本原则"在农村实施的条件，加上西方敌对势力不断渗透和破坏，这决定了在农村的思想理论战线上必须坚持不懈对农民进行"四项基本原则"教育，坚决与反"四项基本原则"的错误思潮作斗争。为了农村改革开放能顺利进行，农村思想政

---

① 《邓小平文选》第2卷，北京：人民出版社1994年版。

治工作必须紧密围绕经济建设这一中心，始终坚持四项基本原则，促进农村改革开放的长期深入。

第二，广泛开展"五讲四美三热爱"的移风易俗活动，为农村改革开放营造良好的社会环境。农村改革开放初期，农民中仍存在传统的小生产私有观念，受封建传统残余思想、落后的道德观念和生活方式等影响的农民不在少数。随着农村改革开放的深入，一些深层次的思想问题也浮现出来。一些地方出现了损公肥私、损人利己的风气，一些地方封建宗教和迷信乘势而起，严重影响了人与人之间的互助友爱关系和良好的社会风尚。鉴于此，党认识到除了建设物质文明，精神文明建设也至关重要，由此开始对精神文明建设进行初次尝试。1981年2月，全国总工会等9家单位联合向全国人民发出倡议，开展以"讲文明、讲礼貌、讲卫生、讲秩序、讲道德"和"心灵美、语言美、行为美、环境美"为内容的"五讲四美"活动。各地开展治脏、治乱、治差。1982年2月，中央决定把每年的3月确定为"全民文明礼貌月"。1983年3月30日，中央成立"五讲四美三热爱"活动委员会，加强对思想道德建设活动的领导，推动这一活动在全国各地广泛展开。

"五讲四美三热爱"活动结合了农民的生产和生活方式，旨在规范农民日常生活行为，使农民的行为有序可循，引导他们的生产和生活回归正轨。实施乡规民约是"五讲四美三热爱"活动的具体措施之一，它将"五讲四美三热爱"活动的内容转化为具体行为规范，帮助农民自我教育。通过媒介宣传和开展文明村、五好文明家庭等活动，将"五讲四美三热爱"活动推广至全国农村，塑造了良好的社会氛围，激发了农民对文明生活的向往，增强了他们对资本主义、封建主义思想侵蚀的抵抗力，改善了村风村貌。因此，"五讲四美三热爱"活动是当时建设社会主义精神文明和进行共产主义思想教育的一项群众性活动，它依靠广大农民群众的力量，逐步形成了"五讲四美三热爱"的社会主义新风尚，为农村改革开放创造了良好的社会环境。

(二) 为农村经济秩序恢复营造思想环境

党的十一届三中全会以后,"左"的错误在农村被纠正,在农村实行了家庭联产承包责任制和其他各项发展农村经济的政策。在发展农村经济时,农民在思想上存在对各项经济政策的疑虑,没有对生产经营的自主权形成正确认知。针对这种情况,1982年11月,党中央召开全国农村思想政治工作会议,会中具体阐明联产承包责任制的社会主义性质,提出农村思想政治工作任务是对农民进行"一个坚持"(坚持社会主义)、"两不变"(公有制不变、联产承包不变)、"三兼顾"(兼顾国家、集体和个人)的宣传教育,以解答农民在经济上存在的疑惑,转变农民群众在经济上的各种错误认识。

一是引导农民正确认识农村经济体制改革的核心内容。党的十一届三中全会后,农村最先开始改革、调整农业生产关系,建立以家庭联产承包责任制为核心的社会主义农业经济体制。这一改革过程中,不少人对联产承包责任制是不是社会主义性质产生怀疑,还有一些人认可了这一改革的社会主义性质,但是认为现行的政策与共产主义相距较远,而在农村改革中受益的农民群众又担忧这一政策的变化。针对这些问题,从1982年起,中央连续五年发布"一号文件",宣传、解释以联产承包责任制为核心的农村经济改革政策,回答和解决农民对农村经济改革政策的相关疑问,同时引导农民正确认识现行的政策和共产主义的关系,解除农民心中对党在农村的现行方针政策的疑虑。农村开展思想政治工作围绕使广大农民尽快富裕起来这一农村工作的中心思想,让农民明白社会主义农业经济体制改革是坚持社会主义制度的改革,并没有改变农村集体经济的公有性质,生产责任制将长期坚持不变,让广大农民群众吃了顺心丸、开心丸和定心丸,认清楚并勇于承担自己在农村经济建设中的历史责任。农村经济出现了欣欣向荣的局面。

二是对农民进行"三兼顾"的宣传教育和纪律教育。改革开放后,我国农村实行家庭联产承包责任制和搞活经济的各项政策，农民的个体利益和社队集体利益得到了保障。然而，在国家、集体和个人三者关系上也出现了一些新的问题。党在农村逐渐推行各项发展农村经济的政策，农民拥有了更多的自主权。但是有部分农民没有正确看待这种自主权，某些地方过于扩大经济作物的种植面积而减少粮田面积，还有些地方把农产品投入农贸市场而不完成征购派购任务等。针对有部分农民没有正确处理好个人与集体、国家的利益，追求个人利益置国家和集体利益而不顾的问题，党在农村开展"三兼顾"教育，引导农民自觉顾全国家大局，保证计划指标和确保任务符合实际，消除农民生产经营中的盲目性；增强农民纪律观念，使农民参与到维护农村市场秩序的行动中，在法律允许的范围内开展经济活动，保证党的各项农村经济任务的顺利完成。

鉴于此，强有力的农村思想政治工作为农村经济建设营造了一个安定团结的政治环境，使广大农民尽快富裕起来这一农村工作的中心思想深入人心，有助于广大农民对党在农村的各项方针政策有一个全面、深刻的认识，做到"三兼顾"，自觉遵纪守法，维护农村市场秩序，促进农村经济社会发展。当然，我们也清醒地认识到，农村的经济改革没有一张现成的蓝图，绝不可能一帆风顺，不能急躁冒进和急于求成，而应遵循党在社会主义初级阶段的基本路线，实事求是，从实际出发，不断总结经验教训，大胆创新，勇于进取，团结亿万农民自力更生，艰苦奋斗，建设社会主义现代化农村。

（三）为农村精神文明建设提供思想支撑

1990年12月，中共中央、国务院下发《关于1991年农业和农村工作的通知》（以下简称《通知》）。《通知》指出，要把社会主义思想教育作为农村精神文明建设的基本内容。精神文明建设是在精神领域里进行建设，农村精神文明建设需要不断加强对农民进行社会主义思想教育，才能提高农民的精神文化生活水平。随后，1991年2月，中央宣传部和中央组织部提出《关于在农村普遍开展社会主义思想教育的意见》（以下简称《意见》），对开展社会主义思想教育进行了新的部署，这一教育活动到1991年底1992年初基本完成，取得了不错的效果，农村精神文明建设进一步加强和提高。

一是用社会主义思想占领农民思想阵地，充实农村精神文明建设的内容。尽管农村经过十年的改革发展，社会主义道德风尚在农村得到不同程度的发展，但是一些愚昧、落后的风俗习惯仍然不同程度地存在，一些早已绝迹的丑恶现象又死灰复燃，比如封建迷信抬头，不信科学；包办婚姻、换亲转亲甚至买卖婚姻；聚众赌博等。这些现象极大破坏了社会风气，腐蚀农民的思想，必须予以纠正。《意见》指出要用社会主义思想占领农村的精神文明建设阵地。要深入了解农民的思想动态，有针对性地进行社会主义理论教育，增强农民的爱国主义意识。要解决在农村积累多年的思想问题和实际问题，采用农民群众喜闻乐见的方式，开展灵活多样的教育形式，寓教于文、寓教于乐，潜移默化地占领农民思想阵地。通过这些措施，农村思想政治工作用社会主义思想占领了农村的思想文化阵地，改变了农民落后愚昧的风俗习惯，创造和培育了良好的社会风尚，充实了农村精神文明建设的内容。

二是引导农民走共同富裕道路，奠定农村精神文明建设的物质基础。农村经过十年的改革开放之后，已由自然经济逐步迈向商品经济，取得了历史性的进步。然而，这个过程中，农民的思想观念、生产方式、生活方式等都发生了变化，导致一些农民存在对社会主义和改革开放的误解和疑虑。因此，《意见》提出了针对农民误解和疑虑的解决方案，强调要从农民的实际出发，深入浅出地阐明改革开放以来农村的一整套方针政策的科学性、正确性和连贯性，让农民懂得、支持和主动参与农村的改革，走共同富裕道路。同时，通过坚持不懈地做好经常性的农村思想政治工作，使社会主义教育常态化、制度化，培育造就"有理想、有道德、有纪律、有文化"的社会主义新农村的接班人和建设者。① 农村思想政治工作的目标是培育"四有"农民,为其提供强大的推动力量,引导农民走共同富裕道路,奠定农村精神文明建设的物质基础。通过把农民的注意力引到发展社会生产力这一根本任务上来,在农村形成尊重知识、尊重人才的社会风气,提高农民思想道德水平和科学文化素质,提高建设社会主义现代化的本领,以实现农村精神文明建设的目的。

三是加强农村基层党组织建设,领导农村精神文明建设。党的十一届三中全会以来,农村基层党组织的软弱涣散状态一直没有发生根本的改变,一些农村党员干部在工作和学习时敷衍了事,没有将工作落到实处,形式主义现象比较严重。在经济建设成为全党和国家的中心任务的大背景下,尽管中央屡次强调,各级党组织要充分认识社会主义物质文明和精神文明建设是我们党长期坚持的战略方针,但是并没有引起各级党组织的足够重视,出现了"一手硬、一手软"的不协调现象。农村基层党组织的党员干部忙于经济活动,忽视对农民进行社会主义教育,农村思想政治工作出现了软弱涣散的状况。为了解决这个问题,1990年12月,中共中央批转《全国村级组织建设工作座谈会纪要》,要求切实加强以党支部为核心的村级组织建设,强化对农村思想政治工作的领导。《意见》再次强调在思想教育的基础上做好组织整顿,抓好村党支部自身的思想、组织、作风建设,加强对农村党员干部的教育,提高党员干部的政治、业务素质,密切党同农民群众的血肉联系,在农村两个文明建设中更好地发挥模范先锋作用。因此,加强农村基层党组织建设,领导农村精神文明建设是必不可少的。只有通过加强党的思想政治工作,才能引导农村基层党组织走向健康发展。总之,在党中央的领导下,农村思想政治工作逐步改进,贯彻了党的基本路线和各项方针政策,解决了"一手硬、一手软"的问题。农村

---

① 《关于在农村普遍开展社会主义思想教育的意见》,载《党的建设》,1991年第4期,第6页。

思想政治工作要求已贯穿于农村精神文明建设中,确保了农村精神文明建设的顺利进行。

第二节　农村思想政治工作的拓展深化
（1992—2012）

一、社会主义市场经济条件下农村思想政治工作的理论探索

1992年,邓小平同志视察南方并就一系列重大问题发表讲话,开启了中国改革开放的第二个阶段。在这个新的阶段,党的宣传思想工作面临着从适应计划经济体制向适应社会主义市场经济体制的转变。党的十四大确定了"建立社会主义市场经济体制"的改革目标,这成为中国经济改革、政治发展和文化建设的核心指导思想和基本理论依据。为了适应新的社会主义市场经济体制,党开始了对农村思想政治工作的理论探索。

（一）用中国特色社会主义理论统一农民思想

1992年党的十四大召开,会议提出建设有中国特色社会主义这一理论,首次比较系统地回答了经济文化落后的中国如何建设发展社会主义的问题。概括来说,它主要有三个突破:确定了社会主义初级阶段论;确立了社会主义商品经济和社会主义市场经济论;确认社会主义的本质并相应地提出"三个有利于"作为判断是非得失的检验标准。① 对农民进行中国

---

①　范平、姚桓:《市场经济与党的建设》,北京:同心出版社1994年版,第99页。

特色社会主义理论的宣传教育,以下两方面内容尤为重要:

第一,向农民讲清楚我国正处于并将在相当时期内处于社会主义初级阶段,帮助农民破除"纯而又纯""一大二公"的传统思想观念,使其正确认识到生产关系一定要适应生产力水平。同时,要帮助农民摒弃认为市场就是资本主义、认为只有计划经济才是社会主义的传统观念,培养农民形成与社会主义市场经济要求相适应的思想观念。重点在于帮助农民正确理解社会主义的本质,认识到贫穷的社会主义不是真正的社会主义,正确判断各种具体是非的标准问题,解除农民对社会主义的扭曲和错误的理解,自发自愿地参与农村经济的发展。

第二,建设有中国特色社会主义理论反映了农民的根本利益。通过深入持久地开展有中国特色社会主义理论的宣传教育武装农民头脑,促进思想观念转变,凝聚农民的改革共识,使农民进一步振奋精神,积极投身建设新时代的农村。

(二)以社会主义市场经济理论为农村思想政治工作的主要内容

1992年10月,党的十四大在总结改革十四年经验的基础上提出全新重大论断:"我国经济体制改革的目标是建立社会主义市场经济体制,以利于进一步解放和发展生产力。"这不仅强调经济体制的改革是社会主义的发展动力,而且需要进行新一轮的思想解放运动。为了推进健康、有序、适应社会主义市场经济的农村思想政治工作,我们必须明确社会主义市场经济的本质和特点。只有正确理解社会主义市场经济,才能避免出现盲目行动和混乱,确保农村市场经济有序发展。因此,抓好社会主义市场经济知识的宣传教育成为农村思想政治工作的重要内容。

由于在新中国成立后相当长的一段时间实行高度集中的计划经济,对农民的思想影响深刻。部分农民不知道市场经济是什么,更不知道怎么搞市场经济,对市场经济既害怕参与又渴望参与。所以,在市场经济条件下,发挥农村思想政治工作的优势,引导农民顺利进入市场和适应市场发展的要求,抓好社会主义市场经济知识的宣传教育尤为紧迫和重要。为了实现这一目标,党进行了以下工作:首先,宣传教育农民,让农民正确认识社会主义市场经济的本质和特点。过去40余年,农民已经适应了计划经济与小农经济主导下的生产与生活,对市场经济的理解有限,甚至存在怀疑和恐惧。因此,需要向农民群众普及社会主义市场经济的基本概念和特点,帮助他们摆脱小农意识和封建残余思想观念,适应市场经济的要求,做到解放思想,实事求是。其次,组织农民学习并掌握社会主义市场经济知识。包括帮助农民认识市场竞争和培育风险意识,提高科学文化和道德水平,加强社会主义法制教育,培育农民正确对待商品交易原则的意识。同时,提高农民对市场经济运行规律的认识,使农民在市场竞争中能够合理参与。通过这些工作,可以更好地实现农村市场经济的有序发展和农民自身的全面发展。

(三) 以服务于解决"三农"问题为目标

党中央一直将解决农业、农村、农民问题作为工作的重点,始终关注农村,关心农民,支持农业。在2003年12月到2012年2月期间,以"三农"问题为主题,党中央连续9年发布了9个"一号文件"以加强"三农"工作,体现了党中央、国务院对解决"三农"问题的高度重视。"三农"问题的解决,需要培育造就有文化、有理想、有道德、有纪律、懂技术、会经营的新型职业农民,发挥广大农民群众的主体作用。因而,加强农村思想政治工作成为解决"三农"问题的迫切需要。

第一,用"三个代表"重要思想武装农村基层党员干部以加强与改进农村思想政治工作。2003年1月,胡锦涛在中央农村工作会议上强调,巩固农村"三个代表"重要思想学习教育活动的成果以推进党的全面建设。为了提高农村干部队伍的素质,加强农村思想政治工作,必须在农村继续加强党的先进性教育。用"三个代表"重要思想武装农村党员干部,引导他们转变工作作风,增强为人民服务的意识。只有这样,农村党员干部才能在新形势下提高工作能力，巩固党在农村的群众基础。同时，农村党员干部还需在"三个代表"重要思想的指导下，发挥引领示范和模范带头作用，推动农民自觉学习贯彻"三个代表"重要思想，共同致力于解决"三农"问题，共同推动农村发展。

第二，用科学发展观武装农民。2003年10月，党的十六届六中全会指出，要坚持以人为本，树立全面协调可持续的科学发展观，促进经济社会和人的全面发展。科学发展观是同邓小平理论和"三个代表"重要思想一脉相承、与时俱进的马克思主义中国化的理论成果。通过宣传教育，为"三农"问题的解决营造正确的舆论氛围和安定团结的社会环境，鼓励农民积极参与"三农"问题的解决，促进农村经济和社会的稳定发展。只有这样，才能真正实现科学发展观的落实，推进农村的现代化建设。

二、社会主义市场经济背景下农村思想政治工作的实践

随着社会主义市场经济体制的建立，农民面临新的市场经济大环境，这也不可避免地带来了种种思想问题。我们以中国特色社会主义理论为指导，不断引导农民进入市场、奔向小康，同时也在农村思想政治工作方面进行了新的实践。首先，在农村开展社会主义教育运动，为发动和组织农民积极参与实现第二个"两步走"战略目标打下基础。其次，依靠强有力的农村思想政治工作推进农村精神文明建设。此外，加强农村思想政治教育阵地和平台设施的建设，通过在农村思想文化阵地上宣传社会主义思想，加强对农民的思想引领和教育。

（一）农村社会主义思想教育的逐渐深入

农村长期受小农经济思想和计划经济体制影响，仍存在因循守旧、封闭落后、不思进取的思想观念。同时，由于历史原因，农民的科技文化素质普遍较低。这导致一些农民的思想观念与社会主义现代文明发展

不相适应，封建迷信活动等歪风邪气重新蔓延。随着社会主义市场经济体制的建立，经济成分和利益的多样化，农民思想观念和价值取向也逐渐多元化。

为此，1992年邓小平同志南方谈话发表后，原本开始的农村社会主义教育活动将重点转向了解放思想、更新观念的宣传。在建立社会主义市场经济体制的过程中，党对农村精神文明建设进行了一系列新的部署，巩固了农村原有思想政治工作成果的基础，进一步推进了农村社会主义教育运动的深化。1994年7月，河南省林州市召开全国农村精神文明座谈会，会中探讨如何务实在建立社会主义市场经济体制过程中的农村精神文明建设的思路，并提出农村精神文明建设的主要任务，"发展市场经济，引导农民奔小康"。农村思想政治工作围绕此任务，需要培育"四有"新型农民，逐步改善农村不良的社会风气。针对这一历史任务，1995年10月，中办国办转发《中宣部、农业部关于深入开展农村社会主义精神文明建设活动的若干意见》（以下简称《意见》）的通知，安排部署农村精神文明建设活动，开创了农村社会主义教育运动的新局面。

第一，坚持不懈地对农民进行社会主义思想教育，推进农村社会主义教育运动的深化。《意见》强调用邓小平建设有中国特色社会主义理论武装农民，巩固其在农村意识形态领域的指导地位。加强对农村思想政治工作的宣传和教育，向农民宣传党的基本路线和农村的基本政策。自20世纪90年代以来，社会主义教育干部工作队下乡，成为党的农村思想政治工作的重要组成部分。采用针对性强的互动交流形式，如动员组织宣讲团下乡、举行主题报告会等。还通过编写通俗易懂的读物等方式，向农民宣传邓小平建设有中国特色社会主义理论和形势政策。针对农民关心的热点难点问题进行答疑解惑，帮助农民正确认识该理论和各项形势政策的基本要求，调动和保护广大农民群众的积极性。此外，农村思想政治工作也要把重点放在抓好主旋律和突出主旋律上，开展形式丰富的思想教育活动，弘扬新时代创业精神，让农民认识到党的各项方针政策的正确性。1993年3

月，江泽民同志在第八届全国人大一次会议上提出"六十四字创业精神"，并赋予其新的内涵和意义。通过思想政治工作，让农民认识到参与市场竞争、改变落后面貌、实现小康目标的关键在于艰苦创业。从1998年倡导抗洪精神到2001年弘扬科学精神，彰显出我们不断继承和弘扬中华民族五千多年的优秀民族精神，并广泛宣传具有鲜明时代特征的艰苦创业和工作的先进典范。我们用这些精神和先进典范动员和激励广大农民群众同心同德、步调一致地发展农村经济社会，加快实现小康目标。

第二，加强农村基层党建工作领导农村精神文明建设，推进农村社会主义教育运动的深化。1994年9月，党的十四届四中全会后，中央就专门对农村基层组织建设进行了全面部署，用两年多的时间整顿后进村的党组织。经过整顿，农村基层组织建设明显改善但仍然任务繁重。党中央在实践的基础上认识到，只有党支部战斗力强才能促进"两个文明"建设协调发展。据此，1996年10月，党中央召开全国农村基层组织建设工作座谈会，强调整顿和建设农村基层组织的关键，是要抓"有人干事"和"有钱办事"，这也是江泽民在河南考察农业、农村工作时和中央扶贫开发会议上反复强调的。抓好"有人干事"，即建设优秀的村党支部和村委会班子，借鉴一些地方的成功经验，整顿后进村。要选拔那些有理想、有干劲、有能力、政治过硬、廉洁奉公、吃苦耐劳的农村基层党员干部，以带领农民群众勤劳致富，共同谋求发展；抓好"有钱办事"，即千方百计发展和壮大集体经济实力，采取各种方法，如强化党风党纪，促进农村基层党员干部进一步解放思想，带领农民群众发展和壮大实体经济。

第三，以群众性精神文明创建活动为载体，推进农村社会主义教育运动的深化。1997年，启动了"文化科技卫生"下乡活动，这成了农村精神文明建设的一个响亮品牌。通过推广科学技术，用科学知识武装农民的头脑，促进农民个体的文明素质提升。在农村经济发展的过程中，由于管理落后，一些村庄出现了赌博、盗窃等各种问题，农村环境卫生面貌也极度脏乱差，还有些村庄成为出了名的"腰缠万贯却精神贫困"的村庄。1996

年11月，中宣部副部长刘云山出席全国农村精神文明建设座谈会并发表讲话指出，创建文明户活动是农村精神文明建设的基本途径，以创建文明户推动文明村镇建设，提高整体精神文明水平。以文明户为依托，落实农村精神文明建设的各项任务进村、入户、到人，不断改进方法抓带头村、示范村，动员和鼓舞农民群众推进文明村镇建设。基于此，把农村精神文明建设提到更加突出的地位，将其任务贯穿于农村具体工作中，体现在农民实际行动上，落实到农村基层去。1998年10月，党的十五届三中全会提出引导农民移风易俗、革除陋习。为了落实这一要求，将在城市广泛开展的"讲文明、树新风"活动逐步延伸到农村，以正面教育为主，引导农民讲文明、讲礼貌、讲信誉。2001年9月，中共中央印发《公民道德建设实施纲要》，在全国广泛开展以"改陋习、树新风"为重点，以"十星文明户"等为载体的道德教育和实践活动，积极倡导二十字公民基本道德规范。因而，以群众性精神文明创建活动为载体向农民传播文明，成为引领农村新风尚的重要窗口。

总而言之，针对社会主义市场经济条件下农村思想政治工作所面临的新情况和新问题，党中央深入推进农村社会主义教育运动的开展，持续探索农村思想政治工作的新思路，系统规划了农村思想政治工作的基本内容，加强了农村基层党组织建设，转变了思想工作作风，增强了对农村思想政治工作的领导力，有效解决了农村存在的突出问题。通过开展群众性精神文明创建活动，积极向上的思想文化占领了农村思想文化阵地，改善了农村文化生活贫乏的局面。同时，巩固了马克思列宁主义、毛泽东思想和邓小平理论在农村思想政治工作中的指导地位。

（二）推进农村精神文明建设

党的十六大以来，党中央从全面建设小康社会、加快推进社会主义现代化强国建设的全局出发，将加强农村精神文明建设作为贯彻落实"三个代表"重要思想和促进农村经济社会全面发展的重要措施提上重要议程，加大对农村精神文明建设的力度。通过广泛开展宣传教育活动，农民的思想道德和科学文化素质进一步提高。例如，在农村广泛开展"弘扬培育民族精神，全面建设社会主义现代化强国"主题教育活动，引导广大农民发扬优良传统，艰苦奋斗，加快发展；在抗击非典疫情期间，为了引导广大农民群众弘扬民族精神，团结一致抗击非典，全国农村开展了科普宣传和讲文明、讲科学、讲卫生、树新风的"三讲一树"活动。农村精神文明建设的形式越来越丰富多样，如农民艺术节、农民运动会、婚育新风进万家等群众性活动广泛开展，农民的参与热情进一步高涨。

然而，一些农民的思想观念、科学文化素质和诚信意识等方面与社会主义市场经济、科技、文化快速发展的要求不相适应。随着农民温饱问题的解决，他们对精神文化的需求迅速增长。同时，农村社会结构也发生了深刻变化，原有的区域界限和地缘关系由于开放性和流动性的不断增强而被进一步打破，农民传统的人际关系、价值观念和伦理道德受到巨大冲击。此外，西方意识形态持续渗透，非法宗教、邪教等极端思潮有所抬头。因此，在2005年1月，全国召开了以"改进创新，服务'三农'"为主题的农村精神文明建设工作座谈会，中宣部副部长胡振明在会上发表讲话，传达中共中央对农村精神文明建设的重要批示，要求更好地服务"三农"，加强和改进农村精神文明建设的主要任务。坚持中国特色社会主义理论体系为指导，坚持党的农村思想政治工作的优良传统，着重抓好五个方面的工作任务：

第一，在农村深入开展形势政策教育，以统一思想和凝聚力量为核心。各地要根据农村实际，通过报告会、座谈会、基层党校和远程教育等途径，宣传"三个代表"重要思想、科学发展观与农村改革的重点和政策，开展社会主义市场经济和社会主义民主法制的宣传教育以及形势政策教育，引导农民更新观念、解放思想，不断增强农民对执行党的路线方针政策的自觉性和坚定性，坚定农民对全面建设社会主义现代化强国的信心。

第二，实施公民道德建设工程，以提高农民思想道德素质为核心。农村思想政治工作坚持以人为本、尊重农民，讲究方式方法，在做说服教育转化工作时区分层次和对象；修订完善乡规民约，依托农村道德评议等，组织开展以"共筑诚信"为重点的多种道德教育和道德实践活动，倡导公民基本道德规范和社会主义荣辱观；通过扶贫济困、志愿服务等途径，帮助农村困难群众解决实际问题，如志愿者服务活动重点关注农村"留守"儿童，调动社会各方力量关心农村青少年的心理、情感、学业，为他们健康成长创造良好环境；通过实施公民道德建设工程，促进农村形成积极向上、扶贫济困、团结互助、平等友爱、融洽和谐的文明新风尚。

第三，大力普及科技知识，以提高农民增收致富为核心。为了提高农民的收入和帮助他们致富，农村思想政治工作致力于推动科技教育，以科教兴农和农村可持续发展为出发点，以农民喜闻乐见的方式为载体，加强农村科普宣传，营造学科学、爱科学、讲科学和用科学的浓厚社会氛围。此外，加强马克思主义唯物论和无神论的宣传，帮助农民划清科学与迷信、文明与愚昧的界限，自觉抵制歪理邪说的侵蚀。同时，动员和鼓励有关部门和社会各界共同关心、帮助农民提升发展致富的技能和提高农民就业的能力。

第四，积极发展农村群众文化，以满足农民精神文化需求为核心。为了满足农民日益增长的精神文化需求，农村思想政治工作积极发展农村群众文化，着力缩小城乡文化事业发展差距。受长期以来城乡二元结构的制约，农村文化事业落后于城市，发展差距越来越大。为此，原文化部将2005年确定为"农村文化年"，将农村文化建设纳入精神文明建设全局，不断创新农村文化服务的内容、方式和手段，提升农民的精神文化生活，提高农村文明程度。农民既是农村文化产业的生产主体也是消费主体，农村思想政治工作通过表彰奖励等方式，激发农民自办健康文化的积极性，鼓励开发利用农村文化资源，促进资源优势转化为产业优势，发展农村文化产业。同时，也激活农民的消费需求，拓展农村文化市场，满足农民自身的需求。此外，增强农村文化工作的科技含量，利用互联网等先进技术实现文化资源的共享，推进先进文化的传播。同时，也创造出新的具有时代特色的文化活动和文化服务方式，如"科技列车老区行"等流动文化服务，以先进且健康有益的文化丰富农民的文化生活。

第五，广泛开展农村生态环境建设和移风易俗活动，以提升农民生活质量为核心。农村思想政治工作以环境综合治理为突破口，以创建文明生态村为载体，在农村倡导文明新风，引导农民增强健康、卫生和环保意识，规范农民日常一言一行，养成科学、文明、健康的生活方式；引导农民革除错误的消费观念以及铺张浪费、赌博等社会陋习，大力号召农民富而思源，富而思进。

总的来说，党加强对农村精神文明建设的领导，以贴近实际、贴近生活、贴近群众的"三贴近"为突破口，不断改进与创新农村精神文明建设，培育新农民，树立新风尚，发展新文化。同时，也进一步明确农村精神文明建设"为了谁、依靠谁"，以实现农民的切身利益为落脚点，依靠民力、顺应民意、关注民生，充分调动亿万农民的积极性，让他们成为农村精神文明建设实实在在的受益者。

（三）农村思想政治教育阵地的建设

农村宣传文化阵地是农村思想政治工作落实到基层的可靠依托和有效硬件。江泽民曾说："在意识形态领域，马克思主义、无产阶级的思想不去占领思想文化阵地，各种非马克思主义、非无产阶级的思想甚至反马克思主义的思想就会去占领。"[①] 随着我们进入社会主义现代化强国的建设阶段，广大农民群众对精神文化方面的需求与农村科学文化事业的滞后发展之间的矛盾越来越凸显。各种非马克思主义和反马克思主义思想不断侵蚀

---

① 《江泽民文选》第3卷，北京：人民出版社2006年版，第97页。

农民群众的思想，与我们争夺农村思想文化的阵地。自党的十四大以来，党中央一直致力于改善和加强对农村阵地的领导，特别是在农村精神文明建设中，积极推进阵地设施建设，搭建面向农村基层的公共宣传文化服务平台，为亿万农民提供丰富多彩的思想文化阵地，以满足他们对知识、美好生活和娱乐等方面的需求。

2000年8月，中宣部副部长刘云山出席全国农村精神文明建设工作座谈会时指出，将农村思想文化阵地建设有计划、有步骤纳入农村精神文明的总体规划，根据农村思想文化阵地建设中的新问题探索其规律和办法；建立健全各类阵地的管理制度，把社会效益放在首位，努力做到社会效益和经济效益的正确结合，正确把握社会的发展方向；增加经济投入改善农村思想政治工作阵地的条件。

第一，积极开展农民喜闻乐见的思想文化活动。在农闲季节、各种节庆和传统节假日，以农村市集等为实体依托，组织各种形式多样的群众性文化活动，以"寓教于乐"和"寓教于文"的方式，吸引农民广泛参与。这样的活动不仅可以陶冶情操、提高素质，还可以将先进思想文化和传统民俗文化相结合，发挥传统民俗文化的道德教化作用，促进社会风气的好转，同时占领农村宣传文化阵地。

第二，整合资源提高为农民服务的水平。2008年10月，党的十七届三中全会通过的《中共中央关于推进农村改革发展若干重大问题的决定》指出要建立稳定的农村文化投入保障机制，形成完善的农村公共文化服务体系。在农村精神文明建设过程中，应当充分发挥乡镇和村一级的思想文化阵地的作用，并加大整合社会资源力度，提高农村阵地服务农民的水平；通过推进农村公共文化服务体系建设，联合利用已建成的文化信息资源共享工程的基层网点和其他部门的思想文化教育设施设备，向广大农民群众传播和共享思想文化资源，在促进乡镇思想文化阵地建设的同时，也形成完备的公共文化服务体系，整合社会公共文化共享资源服务农民，从而保证在农村开展思想政治工作有阵地、有场所、有设施。

江泽民曾经指出:"一切思想文化阵地,都应该成为我们宣传科学理论、传播先进文化、塑造美好心灵的阵地。"① 因此,我们需要不断增强对农村阵地的意识,加强农村阵地建设,将丰富多彩、积极向上的思想文化融入农村的思想文化阵地中。同时,我们还需要整合社会资源,提高为农民服务的水平,为农民提供良好的精神食粮。因此,农村阵地建设是十分重要的,要将其作为一个依托,使其成为我们向农民宣传科学理论、传播先进文化和塑造美好心灵的重要场所。

三、农村思想政治工作的成果

在社会主义市场经济的背景下,农村思想政治工作紧密围绕农村的中心工作展开,贯彻落实党在农村制定的各项方针和政策,为农村经济社会的良性发展创造良好的社会氛围。农村思想政治工作注重研究解决农村改革与发展过程中的新境况和新问题,这为农村经济社会面貌的巨大变化带来了重要影响。现今的农村经济社会已经发生了巨大的变化,这都得益于农村思想政治工作在为农村经济社会发展营造良好氛围方面所发挥的重大作用。

(一)农村改革逐渐深化

在农村开展思想政治工作可以提高农民的科技文化素质,推动农村改革的深化。通过普及教育和科学文化知识,在全国农村范围内营造崇尚科学、摆脱小农意识和封建迷信的良好社会氛围,加速农民知识化进程,为深化农村改革提供重要的人力支持。农村思想政治工作要结合农民实际问题,宣传党在农村制定的路线方针政策,化解农民的各种矛盾和疑虑,发动并依靠农民来推动农村改革的深化。同时,发扬艰苦奋斗、自力更生的

---

① 《在中央思想政治工作会议上的讲话》,载《人民日报》,2000年6月29日。

创业精神，用这种精神激励、塑造、教育农民，调动农民的积极性和主体性，加快建设社会主义现代化强国的步伐。农村思想政治工作还要动员、培育和造就一批农业科技企业家，发挥引领模范作用。可见，农村思想政治工作在农村深化改革中发挥了不可替代的重要作用。

（二）农村城镇化水平大幅提升

农村思想政治工作是推进农村城镇化的重要保证。为满足农民的实际需求，鼓励文化、科技和卫生等领域的工作者进入农村，或通过电视、广播等平台向农民普及科学、文化和卫生方面的知识，推动现代文明向农村渗透，引导农民抵制愚昧、腐朽的思想观念，使农民将与农村城镇化的要求相适应的文明理念内化于心，让农民养成科学、文明的生活方式，从而以社会主义文化建设推进农村城镇化进程。农村思想政治工作结合农民的实际利益，改进工作方法，大力组织创建文明村镇、文明户等活动，让农民了解创建的内容，发挥创建活动的激励示范作用，使创建的内容转化成农民的实际行动，从而推进城镇化进程。此外，动员小城镇和乡村开展各种形式的共建活动，营造良好的舆论氛围，推进农村城镇化。

有关数据显示，"1978—2013 年，城镇常住人口从 1.7 亿人增加到 7.3 亿人，城镇化率从 17.9% 提升到 53.7%，年均提高 1.02 个百分点；城市数量从 193 个增加到 658 个，建制镇数量从 2173 个增加到 20113 个。"[①] 在此变化过程中，农村思想政治工作及时统一思想、凝聚民心、理顺情绪、化解矛盾，营造融洽和谐的良好风尚，动员社会各界力量，提升了农村城镇化水平。

---

① 中共中央 国务院印发《国家新型城镇化规划（2014—2020 年）》，中国政府网，[EB/OL].（2016-02-06）.http://www.gov.cn/gongbao/content/2014/content_2644805.Htm.

(三) 乡风村貌焕然一新

农村思想政治工作以群众性精神文明创建活动为载体，进一步提升了农村社会的文明度，促进乡村风貌的改变。"以创建文明家庭、文明村镇和文明乡镇企业为主要内容的农村精神文明创建活动，是吸引亿万农民参与改造环境、转变风气和建设文明生活的重要途径。"[①] 农村思想政治工作以"创建文明户""创建文明市集"等活动为载体整治村容村貌，使农民群众在参与中革除各种陋习，养成文明习惯；农村思想政治工作发挥文化的育人功能，营造健康向上的社会文化环境。思想教育的方式应是多种多样的，要充分发挥文艺对人民大众的教育功能，通过充分挖掘农村民间的文化资源，可以在全国农村开展各种丰富多彩、健康向上的文化活动，并建设农村科技书屋，鼓励农村文化产品的创作和生产等，以文化的潜移默化育人功能提高农民的文化素养，引导农民自觉抵制低俗不良文化，改善农村风气。同时，动员城市加大对农村的支持力度，组织各地积极开展以城带乡活动，如文化科技卫生"三下乡"和"院士专家西部行"等形式多样的活动，提高农民素质，改善农村文化设施，美化村容村貌。

总的来看，在市场经济条件下，农村社会主义精神文明建设不断改善和创新，帮助农民树立文明生活的新观念，促进乡村风貌的改变。但是，农村思想政治工作还存在一些问题和薄弱环节。由于各地农民文化传统和风俗习惯的差异，加上部分地区领导干部重视不够、认识不全面、方法不科学等，制约了一些地方有效开展工作。在社会主义市场经济条件下，农民就业方式多样化，一些在非公有制经济部门就业的农民和外出务工的农民的思想政治工作缺乏相应的机制保障，需要加强相关机制的建设。

---

① 《中宣部、农业部关于深入开展农村社会主义精神文明建设活动的若干意见》，载《农村财务会计》，1996年第2期，第7—11页。

第三节　农村思想政治工作的新时代（2012年至今）

一、新时代农村思想政治工作产生新理念

2012年11月，党的十八大根据国内外形势新变化，对全面建设小康社会目标进行了充实和完善，提出了更具明确政策导向、更加针对发展难题、更好顺应人民意愿的新要求。经过5年的探索和实践，2017年11月，党的十九大指出中国特色社会主义进入了新时代，阐明了一系列坚持和发展中国特色社会主义的基本方略。2022年，党的二十大报告提出，从现在起，中国共产党的中心任务就是团结带领全国各族人民全面建成社会主义现代化强国，实现第二个百年奋斗目标，以中国式现代化全面推进中华民族伟大复兴。新时代农村思想政治工作也迎来新的局面，并以新的理念为导向，促进乡村振兴，民族发展，最终推动实现第二个百年奋斗目标。

（一）以人民为中心的理念

2022年10月，习近平总书记在党的二十大报告中指出："必须坚持人民至上，站稳人民立场、把握人民愿望、尊重人民创造。"农民是推动乡村振兴和全面建设社会主义现代化强国、实现中华民族伟大复兴的主力军。农村思想政治工作必须以人民为中心，把农民作为服务对象，关注和满足农民的根本利益，为全面建设社会主义现代化强国和推动乡村振兴提供坚实的基础支撑。农村思想政治工作应当尊重农民的主体地位，坚持以人民为中心的导向，从农民的实际需求出发，激发广大农民群众的潜力，凝聚亿万农民的力量，共同推进乡村振兴的目标。

坚持以人民为中心的理念，培育农民的主体性。重视农民的主体性，是农村思想政治工作的关键。农民的主体性就是农民在认识世界和改造世界中表现出来的自觉的积极性、主动性和创造性。农民是乡村振兴和现代化建设的主力军，只有在尊重和培育农民主体性的基础上，才能推进乡村振兴和社会主义现代化建设的进程。农村思想政治工作的核心是维护广大农民群众的根本利益，深入贯彻落实党在农村的各项方针政策，让农民感受到实实在在的获得感，进而把这些方针政策转化为自己的实际行动，以实际行动推进乡村振兴和现代化建设。同时，要通过各种方式激发广大农民群众的自觉积极性、主动性和创造性，让农民群众在认识世界和改造世界中发挥出他们的潜能和作用，形成良好的农村治理格局和生产生活方式，为乡村振兴和社会主义现代化建设注入源源不断的动力。

（二）增强农村以思政育人促发展的理念

2015年10月，党的十八届五中全会提出创新、协调、绿色、开放、共享的新发展理念，其基本要求是全面、协调。然而，当前农村思想政治工作发展呈现缺乏合力和协调性的状况。因此，农村思想政治工作坚持协调发展的理念，在农村形成协调、有序的"育人"状态，增强农村思想政治工作的"育人"效果。

在农村形成协调、有序的"育人"状态，最关键的因素是序参量。这指的是系统集体行为的决定性因素，包括农村各级领导干部、农村思想政治工作队伍和农村思想文化阵地这三个序参量。农村各级领导干部需要深入基层，通过认真调查和研究，协调农村具体"育人"目标之间的关系，有针对性地做好农村思想教育和引导工作，从管理上解决农村协调"育人"问题。除此之外，还需要大力培养一支高水平的农村思想政治工作队伍，将理论和实践紧密结合起来，影响和带动其他"育人"系统，整合各种优质的教育资源，发挥农村思想政治工作的作用和功能。同时，需要妥善管理和充分利用农村基层的思想文化阵地，充分利用已有的阵地并开辟新的阵地,让大众传媒更多地面向农民,做好思想引导工作,在加强农村精神文明建设的同时提高农民的综合文化素质。

因此,农村思想政治工作要以协调为导向,形成协调、有序的"育人"状态。农村各级领导干部需要及时掌握农民群众的思想动向,着力解决农民群众的思想问题和实际问题,真正把党和政府的温暖送到广大农民群众的心里,进一步密切干群关系,最大限度调动农民群众的积极性和主动性,为农村改革开放和现代化建设提供强有力的精神动力和思想保证。

(三)坚持走群众路线培育新时代农民

2013年8月,习近平总书记在全国宣传思想工作会议上强调,宣传思想工作必须坚持人民性,也就是坚持群众路线。农村思想政治工作也必须坚持群众路线这一根本工作方法。

农村思想政治工作队伍应该深入农村开展调查研究,并广泛听取农民群众的意见。要以农民的殷切期盼为出发点,走进群众中间,倾听他们的声音,虚心向农民群众学习,吸取他们的智慧,确保党的决策符合广大农民的利益和需求。同时,在农村思想政治工作开展的过程中,要不断回到群众中去,检验这些决策是否真正体现和实现了广大农民群众的利益需求,能否充分调动农民群众的积极性。此外,要始终与农民群众保持密切联系,帮助他们解决实际问题和困难;要采用农民喜闻乐见的方式来传达教育,改变传统的"你听我讲""灌输式"的思想政治工作模式,更加注重与农民群众互动、交流和沟通;要采用农民喜闻乐见的方式,如开展农村文化活动,推送宣传广告,采用互联网平台传播等多种形式,让党在农村的路线方针政策深入人心,激发农民自觉的集体行动,凝聚和团结全国农民,共同完成农村的各项工作任务。

二、新时代农村思想政治工作的内容

农村思想政治工作是乡村振兴战略中不可或缺的组成部分。为了更好地实施这一战略,使农村思想政治工作发挥更大的作用,党中央提出了新的要求:以建设美丽乡村为目标,将培育和践行社会主义核心价值观作为农村思想政治工作的根本任务,并注重对农村优秀传统文化的继承与创新。这些要求体现了我们党对农村思想政治工作的高度重视,强调了其在乡村振兴中的重要性。

(一)培养和造就新时代职业农民

党的十八大以来,党高度重视培育和践行社会主义核心价值观工作。2013年12月,中共中央办公厅印发《关于培育和践行社会主义核心价值观的意见》,提出社会主义核心价值观的基本内容。我国农民数量庞大,农民是实施乡村振兴战略的主体。在农村培育和践行社会主义核心价值观,有利于促进农民更新价值观念、改善精神面貌和提升道德境界,进而实现农民的品格重塑、农村的和谐稳定。

2014年8月,全国农村精神文明建设工作经验交流会首次提出,培育和践行社会主义核心价值观是美丽乡村建设的根本任务。要在培育和践行社会主义核心价值观的工作中突出"四个性"。第一,突出典型示范性。注重树立典型,把社会主义核心价值观融入农村的各种评选活动中;第二,突出宣传普及性。充分利用农村各种宣传载体和文化阵地,制作易于理解和接受的公益广告,利用现代化新媒体向农民宣传社会主义核心价值观;第三,突出受众针对性。针对农村的不同地区和群体以及不同的问题,有针对性地开展社会主义核心价值观教育;第四,突出教育长效性。坚持年年推进、常抓常新,使社会主义核心价值观的培育和践行成为一项长期而紧迫的任务。这些措施将有助于推动农村思想政治工作,促进农村的美丽乡村建设和乡村振兴。

"一种价值观要真正发挥作用，必须融入社会生活，让人们在实践中感知它、领悟它。"① 在农村推进社会主义核心价值观的培育和践行，必须注重将其落实到具体的细节和小事上，让它贯穿美丽乡村建设的方方面面，形成浓厚的社会氛围，让广大农民群众在日常生活中加深对其的理解，使其成为入心入脑的信念，并在行动中表现出来，内化于心并自觉外化于行。

（二）继承农村优秀传统文化培育出新

马克思认为："人们自己创造自己的历史，但是他们并不是随心所欲地创造，并不是在他们自己选定的条件下创造，而是在直接碰到的、既定的、从过去继承下来的条件创造。"党的十八大以来，党和国家始终注重保护传承农村优秀传统文化。2018年1月，中共中央、国务院的《关于实施乡村振兴战略的意见》明确提出了对农村优秀传统文化进行创造性转换和创新性发展的要求。

第一，在保护传承的基础上创造性转换和创新性发展农村优秀传统文化。传承发展归根结底是一种扬弃，"立足乡村文明，吸收城市文明与外来文化优秀成果"，不断改造更新，赋予时代内涵与丰富表现形式，激活其生命力。第二，切实保护好与合理适度利用优秀农耕文化遗产。"深入挖掘农耕文化蕴含的优秀思想观念、人文精神、道德规范，充分发挥其作用，凝聚人心、教化群众和淳化民心。"第三，合理划定乡村建设的文化保护线，支持农村民间文化的传承发展。

乡村振兴是实现中国梦的基础性工程，农村思想政治工作必须遵循文化发展的客观规律，以复兴乡村文化促进乡村振兴，为实现中国梦打下坚

---

① 《深化金融供给侧结构性改革 增强金融服务实体经济能力》，新华社，2019-02-23（001）。

实的基础。农村思想政治工作发掘和传承农村优秀传统文化，为乡村振兴提供重要的智力支持和精神动力，通过推动传统与现代的融合，培养具有深厚传统文化底蕴和现代文明素养的新型农民，为乡村振兴提供智力支持。同时，通过推动传统与现代的融合，借助社会主义意识形态，建设农民的精神家园，为坚持乡村振兴的社会主义方向提供稳固的思想保障和源源不断的精神动力。

（三）以建设美丽乡村为农村思想政治工作的目标

自党的十八大以来，我们党深刻分析国内外形势，全面把握我国经济社会发展的阶段性特征，将建设美丽乡村作为一项重大历史任务，以民风建设和环境整治为重点，努力实现乡风民风、人居环境、文化生活的"三个美起来"，这不仅为更好地解决"三农"问题提供了历史机遇，也对新时代农村思想政治工作提出了新的要求。

第一，培育新型农民。如果没有新型农民，美丽乡村的目标就难以实现。因而，农村思想政治工作的首要任务就是培育有理想、有文化、有道德、有纪律、懂技术、会经营的新型农民。第二，推动教育宣传。农村思想政治工作需要在农村深入开展形势政策教育，用农民群众喜闻乐见的方式宣传党的十八大以来党中央治国理政的新理念、新思想、新战略，宣传党的"三农"政策，"进一步动员各方力量，统一农民的思想，凝聚共识，不断增强广大农民群众的道路自信、理论自信、文化自信、制度自信，增强农民群众的获得感。"同时，农村思想政治工作需要加强法治宣传教育，提高农民对法律的认知和遵守法律的自觉性，将法治思想内化于心，并培养依法办事、依法化解矛盾的习惯。此外，农村思想政治工作还要加强科普宣传，提高农民的科学文化素养，特别是要引导和鼓励在乡青年接受职业技术教育，支持返乡农民工和农村大中专毕业生等人才在美丽乡村建设中发挥作用。第三，改善乡风乡貌。农村思想政治工作还要切实推进乡村风尚的改善，目标是借助群众性精神文明创建活动，促进"风尚美、风气美、风俗美"的观念形成，引导农民自觉抵制陈规陋习。因此，需要动员农民群众对这些陈规陋习进行评议，利用乡间舆论的力量，帮助农民群众进行自我教育、自我管理、自我服务和自我提高。此外，农村思想政治工作需发挥新乡贤群体的示范引领作用，引导农民，特别是广大青年农民树立正确的人生观、婚恋观和价值观，培养健康良好、向上向善的生活方式和习惯，自觉改旧俗、破陋习。

三、新时代农村思想政治工作的新举措

新时代的十年，我国完成全面建成小康社会的第一个百年奋斗目标，打赢了脱贫攻坚战，消除了绝对贫困。党中央始终把亿万农民的福祉放在首要位置，对全面建成小康社会后，进而转向全面建设社会主义现代化强国的奋斗目标进行全方位部署，这为农村思想政治工作带来了新的变化和机遇。为适应时代发展的需求，新时代的农村思想政治工作需要进行相应改革。

（一）思想政治工作与全面推进乡村振兴相结合

乡村振兴首先需要让广大发展落后的农村脱贫。2013 年 11 月，习近平总书记在湖南湘西视察时，首次提出了"精准扶贫"思想，农村贫困人口是"精准扶贫"的主要对象，强调"扶贫要实事求是，因地制宜"。相对精准补齐农村贫困群众的"物质贫困的短板"，补齐其"精神短板"才是农村能够如期脱贫的决定性因素。因此，乡村要振兴，必须先进行思想政治工作。

一是帮助农民群众树立脱贫不返贫，进行全面乡村振兴的斗志与勇气。从乡村振兴的实践看，部分农民群众缺乏乡村振兴的勇气，缺少敢想敢干的决心和毅力，"等靠要"思想比较严重。习近平总书记多次强调，人穷志不能短。必须持续开展农村思想政治工作，在乡村振兴过程中"把

群众积极性和主动性充分调动起来,引导群众树立主体意识,发扬自力更生精神,激发改变贫困面貌的干劲和决心,靠自己的努力改变命运"。如此,依靠群众、群策群力,帮助农民群众树立起进行乡村振兴的斗志和勇气,营造不等不靠、积极进取、自力更生的良好振兴氛围,让农民群众主动承担起建设自己家园的责任。

二是动员各方面力量对农民群众提供智力帮扶。在精准扶贫的实践中,一些农民群众面临着本领不足、缺乏专业知识和技能等问题,甚至存在顽固的落后思想代际传递的现象。为了解决这些问题,农村思想政治工作要充分利用各方资源,与乡村振兴有效对接,采取多种方式提供智力帮扶,如开展农民文化夜校、技术培训和资助农村贫困学生等,以解决农村群众最需要的服务问题,提高其创业致富能力。因此,农村思想政治工作与乡村振兴相辅相成,扶志又扶智。通过培育群众精神文化,提高群众的智力素质,解决农民群众面临的困难和问题,实现农村由"输血"到自身"造血"的转变,从而确保广大农村人口如期脱贫并杜绝返贫。这是农村思想政治工作与乡村振兴战略相结合的重要意义。

三是建设德才兼备的高素质干部队伍。农村思想政治工作紧密围绕乡村振兴战略,强化农村基层干部队伍建设,营造良好的舆论环境,扫清农民的思想障碍,从而调动农民的主体性,为实施乡村振兴战略建设一支高素质的农村干部队伍。习近平总书记在全国组织工作会议上发表重要讲话时强调,"面对复杂多变的国际形势和艰巨繁重的国内改革发展任务,实现党的十八大确定的各项目标任务,关键在党,关键在人。"[1] 实施乡村振兴战略必须坚持党的领导,作为实施乡村振兴战略的坚强领导核心,党的建设必须始终是重中之重,打造一支优秀的干部队伍是实现党的建设的关键。随着时代的进步和国家政策的变化,农村干部由管理角色向服务角色

---

[1] 《习近平在全国组织工作会议上强调 建设一支宏大高素质干部队伍 确保党始终成为坚强领导核心》,载《党建》,2013年第8期,第4—5页。

转变，农村干部队伍的素质直接决定着服务的质量和乡村振兴的实现。在新时代实施乡村振兴战略的背景下，农村基层干部的任务更加艰巨，广大农民对党的期望也更高。因此，实施乡村振兴战略要求农村基层干部增强服务意识，正确理解政策并科学执行政策以提升政策的执行力度，提高创新工作能力和转变工作作风。只有建设一支素质过硬的农村基层干部队伍和党组织，才能更好地加强对农村思想政治工作的领导，推动实施乡村振兴战略持续发展。

四是为实施乡村振兴战略营造良好舆论氛围。通过在农村文化广场、宣传栏等阵地宣传乡村振兴的重大战略意义、总体要求以及成功案例，激发广大农民群众的参与热情。同时，通过互联网和自媒体等平台开展互动式的宣传，回答农民群众的疑问，共同探讨乡村振兴之路。此外，还可以采取政策支持和荣誉激励等形式，以引导社会各方力量提供帮扶和智力支持，营造出勠力同心参与乡村振兴的浓厚社会氛围。

五是为实施乡村振兴战略扫清思想障碍。农民是乡村振兴的主体，培养新型农民，使其具备较高的思想道德和科学文化素养是农村思想政治工作的重要任务。但是，我们也必须清醒地认识到，在推进实施乡村振兴战略过程中仍然面临一些亟待解决的问题：一方面，部分农民仍然受制于固有的传统观念的藩篱。要通过弘扬和推进社会主义核心价值观教育，让农民认识到实施乡村振兴战略的重大意义和总体要求，起到统一思想的作用，激发农民的自信和干劲，使其更积极主动地投身于乡村建设中；另一方面，农村中还存在不少陈规陋习。要通过开展形式多样的移风易俗活动，促进农民的思想和行为的文明化，为乡村振兴提供精神支持。

（三）思想政治工作与继续推动农村城镇化相结合

城镇化是现代化的必由之路。2013年12月，习近平总书记在中央城镇化工作会议上强调，解决好人的问题是推进新型城镇化的关键。农民的数量在推进农村城镇化的过程中逐渐减少，意味着农业转移人口向城市就业,成为城镇市民,实现农业转移人口市民化。农业转移人口市民化是指农民在职业、户籍、生活方式、思想观念以及社会身份等方面完成向市民的转变。因此,城镇化的本质是人的城镇化,农村思想政治工作与城镇化相结合,凝聚共识、形成合力,推动中国特色的新型城镇化道路科学发展。

第一,组织动员培育新型职业农民推动城镇化。2017年1月,农业部下发《关于"十三五"全国新型职业农民培育发展规划》的通知,强调要"构建一支有文化、懂技术、善经营、会管理的新型农民队伍"。农村思想政治工作的重要任务之一是营造全社会关心支持新型职业农民发展的良好氛围,树立人才投资优先观念,引导各类社会力量参与新型职业农民的培育工作,提高培育质量,团结新型职业农民推进农村城镇化。

第二,农村思想政治工作要引导农民适应城镇化生活。在城镇化推进过程中,部分进城农民将不再以农业生产为主要的谋生方式,转而从事二、三产业,这意味着农民的生活方式和思想观念将随着生产方式的转变而出现变化。因此,农村思想政治工作应紧紧以人的城镇化为核心,帮助农民逐渐适应城镇的生活方式、文化习俗和价值观念。

(四) 思想政治工作与全面从严治党相结合

2015年9月,全国农村基层党建工作座谈会上,中央精神文明建设指导委员会主任刘云山指出了农村基层党组织建设存在的一些严重问题:农村村党组织软弱涣散,村党组织带头人能力不足难以组织工作,村"两委"关系不协调,村级经济发展滞后,基层干部存在不正之风和腐败问题,农村党员长期脱离组织等。这些问题导致农村基层组织作用的虚化和弱化,一些党员干部不作为,制约了农村基层党组织的功能发挥。农村基层党组织是党在农村的战斗堡垒,其战斗力的强弱体现在每个党员和干部身上。习近平总书记在党的十九大报告中指出:"把企业、农村等基层党组织建设成为宣传党的主张、贯彻党的决定、领导基层治理、团结动员群众、推动改革发展的坚强战斗堡垒。"将全面从严治党延伸到农村基层党组织，加强农村基层党组织建设，才能坚守农村基层党支部的"战斗堡垒"政治定位，真正发挥党在农村开展思想政治工作中的领导核心作用。

第一，发挥农村基层党组织的领导核心作用。新时代，农村基层党组织积极宣传习近平新时代中国特色社会主义思想，并将党在农村的基本路线和各项方针政策、决定决议贯穿其中，使党的声音及时传达到农村基层，成为农民群众行动和力量的源泉。同时，农村基层党组织也需要深入到广大农民群众中，倾听他们的呼声，了解他们的实际情况和思想动向，解决他们的困难和问题；向上级党组织反映农民群众的要求、愿望和建议，确保党的各项决策符合农民的利益和期望。为了适应新形势下的工作需要，党的农村思想政治工作方式和方法不断改进创新，更加紧密地围绕农村改革和发展的各项任务，开展更有针对性的思想政治工作。

第二，发挥农村基层党员干部的模范先锋作用。全面从严治党从顶层到基层，整顿"四风"问题，严格监督村级权力，建设廉洁村务，树立清廉政风，以优秀的党员干部为榜样，引领全体农民群众树立正确的价值观念，践行正确的行为准则。通过提高农村基层党员干部的思想素质，注重培养他们的服务意识和群众观念，以身作则，发挥示范引领作用，激励广大农民跟党走，坚定拥护和支持党的各项工作。

因此，农村思想政治工作必须与全面从严治党紧密结合。只有彻底整顿农村基层党组织软弱涣散的状态，才能充分发挥村党支部在农村思想政治工作中的"主心骨"和"领路人"作用。

第三章　新时代农村思想政治工作现状及原因

进入社会主义现代化建设的新时代，农村思想政治工作也出现了新的特点，服务于现代化国家建设进程、服务于推动农业农村现代化和乡村振兴。新时代的农村思想政治工作是以党的创新理论和"三农"政策宣传为主线，结合文化建设推动农民思想建设的，但目前农村思想政治工作依旧存在不少的问题，如部分农村思想政治工作者与新时代农村发展要求不相适应、社会支持力度不足、一些地区的农村思想政治工作缺乏创新、社会转型冲击等。现阶段，仍然需要增强思想政治工作者对于农民的教育责任感，促进农民群众思想的现代化。

第一节　新时代的农村思想政治工作

进入新时代，我们党实现了第一个百年奋斗目标，完成了全面建成小康社会的历史使命，这表明我们党高举中国特色社会主义伟大旗帜，不断推进改革开放，推动全面建设社会主义现代化国家。进入新时代，加强新形势下的农村思想政治工作越来越成为一个重大而紧迫的任务，对实现乡村振兴战略具有重要意义，这就要求我们必须适应社会经济的快速变化，坚持以人民为中心,把解决好农业、农村、农民问题作为全党工作重中之重,进一步加大对农村基层组织建设的投入力度。随着"三农"工作的不断推进,农村思想政治工作的内涵也在不断加深和扩展。如何做好新形势下农村思想政治工作是我们必须面对并解决好的重大课题之一。

一、全面建设社会主义现代化国家的任务给农村思想政治工作提出新要求

在全面建设社会主义现代化国家的重要使命下,农村思想政治工作面临着全新的挑战和要求。面对新形势,我们必须以更高站位、更新思路、创新方法来推动农村思想政治工作。全面建设社会主义现代化国家,实现中华民族伟大复兴的核心在于弥补"三农"领域的短板。因此,必须在"四化同步"进程中加强农业现代化,以实现农业的强劲发展;在推进"城乡一体化"的进程中,填补农村社会发展的不足之处,以促进农村的全面发展和繁荣;在"绿色崛起"中补齐农村生态文明建设的短板,让农民富起来。通过填补农民收入增长的短板,实现城乡居民人均收入比2010年翻倍的目标,从而推动农民致富。只有这样,才能确保党始终成为带领人民群众夺取革命、建设、改革伟大胜利的领导核心,不断巩固全党全国各族人民团结奋斗的共同基础。思想政治工作是经济工作和其他一切工作的生命之源,是推动社会进步的重要力量。当前,我国正处于经济社会快速转型时期,面临着许多复杂情况和严峻挑战。农村思想政治工作在全面建设社会主义现代化国家、实现中华民族伟大复兴的重大任务中扮演着至关重要的角色,需要充分发挥"生命线"作用,以习近平新时代中国特色社会主义思想为指导,统一农民思想,坚定农民的"四个自信",通过增强信心、凝聚民心、温暖人心来共同建设,为全面建设社会主义现代化国家、实现中华民族伟大复兴宏伟目标提供强有力的思想保障和精神动力。

二、实施乡村振兴战略给农村思想政治工作提出新要求

乡村振兴战略的实施对农村思想政治工作提出了新的要求：加强农村思想道德建设，提高农民思想道德素质；弘扬中华优秀传统文化，形成健康乡村景观；丰富农村文化生活，营造先进文化氛围。2017年10月，党的十九大报告指出，实施乡村战略要坚持农业农村优先发展，建立健全城乡一体化发展的体制机制和政策体系，按照产业繁荣、生态宜居、村风文明、治理有效、经济高效的总体要求，加快推进农业农村现代化建设和繁荣。2018年1月，中央印发《关于实施乡村振兴战略的意见》，对实施乡村振兴战略作出全面部署，指出"乡村振兴是乡村文化和乡村文明的保障"，要坚持物质文明和精神文明并重，提高农民精神面貌，培育文明村风、良好家风、淳朴民风，不断提高农村社会文明水平。2018年9月，中共中央、国务院印发《乡村振兴战略规划（2018—2022年）》，其中第七条指出要推进乡村文化建设，包括加强农村思想道德建设，弘扬中华优秀传统文化，丰富农村文化生活。实施乡村振兴战略，是党的十九大所做出的重大决策，是建设社会主义现代化国家的重大历史任务。

三、新时代农村思想政治工作的状况需要改革创新

全面推进社会主义现代化国家建设，需要新时代的农村劳动者积极适应改革创新的发展。改革开放以来，我国经济社会取得巨大成就，但在城乡二元结构和传统小农经济影响下，农村社会问题依旧存在，农村思想政治工作面临着巨大挑战。党的二十大提出了全面推进乡村振兴的战略部署，为新时代党和国家事业发展、实现"第二个百年"奋斗目标指明了前进的方向，并确立了具体的行动方案。在这样一个历史机遇下，如何做好新时代农村思想政治工作成为当前亟须研究解决的课题。新时代农村思想

政治工作的核心任务在于推进乡村振兴战略的实施，促进农业农村现代化进程，以及培育适应新时代需求的优秀农民。要坚持问题导向，从实际出发探索出一条适合当前我国国情的新路子。通过推进产业振兴、人才振兴、生态振兴来促进农民观念转变，鼓励农民开展教育创新、鼓励和支持成立农业专业产业合作社，以"思想+工作"模式促进农民身心发展，推动新时代农村工作的全面发展。

在新时代农村思想政治工作中，有一些村干部存在学习积极性不高、缺乏自我管理意识、老龄化趋势递增、学历偏低等现象，他们接受新事物、学习新知识的能力与新时代乡村振兴发展的要求和步伐不相符。也有一些干部缺乏主动性，对于日常工作感到厌倦，他们习惯了上级的安排，缺乏干事创业的积极性、主动性和责任感。这些都是新时代农村思想政治工作面临的困境。从整体上看，当前农村思想政治工作面临诸多挑战与困境，既有积极的因素，也有消极的因素。

当前，农村面临的"人"的问题日益凸显，随着时间的推移，农村人口的老龄化程度日益加深。同时，性别比例失衡的问题也日益普遍；城乡发展差距大，城乡差异明显，农民生活水平偏低；农村劳动力的受教育水平普遍较低，导致其分布呈现出不均衡的趋势；农村人力资源流失严重，特别是青壮年劳力大量外出务工。

第二节　新时代的农村思想政治工作进展

一、建设现代化国家进程中的农村思想政治工作

为实现全面建设社会主义现代化国家、实现中华民族伟大复兴的宏伟目标，全国农村基层党组织和广大农村思想政治工作者坚持实事求是、与

时俱进，紧紧围绕乡村振兴战略中心工作开展农村思想政治工作，取得了明显成效。但在一些地方，还存在一些思想上的问题需要解决。例如，国家观念和集体观念淡化，仁、孝、义、诚等传统美德被削弱，廉政意识、责任意识、公德意识、法治意识不强。与此同时，低俗文化、盲目攀比红白喜事、骄傲行事等旧习陋习盛行，非法宗教活动、乱建寺庙、乱雕宗教造像等现象仍然存在。广大农民群体的思想观念仍需加强，部分农民想成功，却害怕风险；想致富，却缺乏知识，思想落后、观念陈腐、犹豫不决的这些思想和现象是全面建设社会主义现代化国家、实现中华民族伟大复兴的障碍。农村基层党组织和广大农村思想政治工作者积极开展思想政治教育和实践活动，努力为全面建设社会主义现代化国家、实现中华民族伟大复兴扫清障碍。

第一，积极开展中华民族伟大复兴和中国梦的宣传学习活动。全国农村基层党组织和思想政治工作者要不断组织学习宣传中国梦的重大意义和精神精髓，把中国梦的宣传教育活动同深入贯彻党的二十大精神、深入开展中国特色社会主义宣传教育结合起来。坚持用这一新思想指导工作、推动实践，凝聚农民群众追求梦想的正能量；引导广大农村群众把个人梦想融入国家梦想，通过艰苦奋斗，早日实现自己的梦想；引导农村群众坚定理想信念，打造精神支柱，积极参与实现中华民族伟大复兴中国梦的生动实践。例如，四川省万源市开展了以"实现伟大中国梦，建设美丽繁荣和谐四川"为主题的教育活动，针对农村人口居住分散、受教育程度低、留守老年妇女儿童较多的情况，该市在活动中设置了"五大班"，实现了50万农村人口教育学习全覆盖。

第二，开展培育和践行社会主义核心价值观的宣传教育活动。2013年12月，中央印发《关于培育和践行社会主义核心价值观的意见》，要求全国上下围绕"坚持和发展中国特色社会主义"的主题、"三个主张"的内容，注重"宣传教育、示范引领、实践养成"的协调统一，着力实现"政策保障、制度规范、法律约束"的高度衔接，用社会主义核心价值观激励全体人民为夺取中国特色社会主义新胜利而不懈奋斗。《意见》印发后，全国农村基层党组织和思想政治工作者因地制宜，广泛开展主题鲜明、形式多样、内容丰富的宣传教育和实践活动，推动社会主义核心价值观的培育实践与实际工作相互结合、相互促进，用社会主义核心价值观引领农村社会思潮革新。例如，贵州省开展了"五进五促"社会主义核心价值观的宣传教育活动，包括"推进农村、促进发展"活动，将社会主义核心价值观贯穿于"四在农家·美丽乡村""明礼知耻·崇德向善在乡村"等建设文明村镇活动之中。此外，还通过建立健全村规民俗，大力推进风俗习惯改造，引导农民明辨是非、荣辱、善恶、美丑，自觉履行法律义务、社会责任、家庭责任，自觉告别陋习，以培育新农民、倡导新风尚来进一步服务"三农"，推进社会主义新农村建设。同时，创建"一本书一个列表"工作平台，深入探索、宣传和建立好人好事、读书看报农民宣传平台，弘扬中国优秀传统美德和实践社会主义核心价值观，烘托榜样氛围，倡导人人自发地向榜样人群学习。

第三，深化农村精神文明建设。党的十八大以来，农村基层党组织和思想政治工作者以培育和践行社会主义核心价值观为基础，以文明村镇创建为载体，以"改良乡风民风、改善人居环境、改善文化生活"为目标，稳步开展农村精神文明建设活动。引导广大农民创建文明村风、良好家风、淳朴民风，不断提高农村文明程度。例如，在浙江，慈溪市以南岳品质线沿线文明村为纽带，打造集文明文化、生态休闲于一体的文明建设社区——"溪上慈风"文明示范线，展现"风景美、人美、生活美"的新农村风貌，让农民在不知不觉中受到熏陶，提高文明素质；在广西，"星级文明户"活动营造了"家家争星创星、家家认星护星"的良好氛围；在福建，上杭县的客家家谱馆和其他一些展馆展示了人们对家庭、文化和社会的积极理念；在贵州，"家德进千家万户"活动将"万事兴，忠义善，世代相传"的理念传播开来，让勤俭节约、孝顺父母等美德在农民心中扎根。近年来，我国基层政府积极出台因地制宜的生态文明建设规范性政策，严格执行落实生态环境监察等制度，划定生态环境"红线"，全力建设"山河可望，乡愁可忆"的美丽新农村。随着农村精神文明建设的深入，文明村镇建设形成了全面发展、梯队推进的良好局面。

二、推动农业农村现代化中的农村思想政治工作

摆脱贫困，实现农业农村现代化，一直以来都是中国人民的愿望和中国共产党的奋斗目标。自全面建成小康社会以来，党中央把农业农村现代化作为关系党和国家根本制度和发展道路的重大问题，吹响了农业农村现代化的号角，取得了举世瞩目的成就。一些地区农村工业得到发展，群众生活水平明显提高，农民面貌明显改善。与此同时，在一些工业发展尚不发达的农村地区，干部群众中还存在一些思想上的问题需要解决。有的农民还存在"蹲在阳光下，等待国家帮助"的等待思想和"想发财，怕吃苦"的懒惰思想；一些农村基层干部和党员仍然存在"懒政思想"和"数字伪现代化"的现象；一些农村基层组织存在思想政治工作观念落后、方法手段不充分、体制机制不够灵活、创新不够、效果不明显等问题。

为解决农村干部群众思想问题，坚决打赢农业农村现代化攻坚战，如期实现全面建设社会主义现代化国家的目标，实现中华民族伟大复兴，全国各地农村基层党组织和广大农村思想政治工作者坚持"育志"和"育智"的方针。以加强基层组织党的领导和党的建设，加强农村精神文明建设为主要内容，探索实现农业创新方式的新载体，开展有效的思想政治工作，为农业农村现代化战略的顺利实施提供政治保障和精神动力。

第一，坚持精神培养，教育和引导农村干部群众发挥主观能动性，发展农业农村现代化的思想内在动力。全国农村思想政治工作把"扶志"作为一项重要任务，引导干部群众摆脱这种依赖心理，发扬自力更生、艰苦奋斗的精神，依靠自己的艰苦奋斗，开展工业现代化的研究创新工作。一

些农村地区弘扬红色革命精神，激发干部群众的斗志。如河南省兰考县引导干部群众发扬焦裕禄"心中装着全体人民，唯独没有他自己"的公仆精神，发扬"革命者面对困难要英勇"的无畏精神，发扬"吃别人吃过的馒头没味道"的求实精神，发扬"活着没有把沙丘治好，死了也要看着你们把沙丘治好"的奉献精神和"敢教日月换新天"的奋斗精神，激发了全县干部投身农业农村现代化、富民强县和农民群众自力更生、创业致富的激情，形成了领导领着干、干部抢着干、群众跟着干的生动局面。再如，河南林州继承和发扬了"红旗渠精神"；山东沂蒙继承和发扬了"沂蒙精神"；四川巴中继承和发扬了"智慧、勇敢、决心、创新、团结、奋斗"的红军精神。在一些农村，通过典型示范，深入挖掘富起来、强起来、美起来的生动例子和范例，在农村传播现代化和创业的声音，激发人民的创业精神。比如，组织干部群众评选"模范企业家"，用典型事例引导群众，营造良好氛围，增强农民的信心。

第二，坚持重视教育的方针，教育和引导农村群众重视教育，提高科学文化素质，倡导科学致富。农村思想政治工作要围绕"育人"这一重要任务，在实施农业农村现代化战略中创新载体方法，引导农民群众消除"读书无用论"思想，倡导科学致富。例如，山西省阳曲县于2016年5月创造性地提出建设"周末学校"，目标是"以浓厚的氛围熏陶人、以生动的事迹教育人、以科学的技术富裕人"。在宣传先进模式、丰富经验、增强致富能力的同时，通过政策、道德、法律传递党的声音，营造良好的干部群众互动氛围。据统计，2007年，全县344个基层党支部，开展"周末学校"4681次，党员干部参加8700余人，群众参加10.1万人，下乡送学225人，初步实现思想上的创新和变化。"周末学校"是对"蹲在阳光下，等着送小康"的落后意识最有力的解决方式，它真正点燃了群众内心的激情，为实现现代化提供了强大的价值导向力量和精神动力。又如，海南省自2016年11月起，以电视为媒介，以热线为桥梁，以线下传播为巩固，建立了"电视+夜校+热线"的教育模式，开辟了一条"政策精准宣传通村村,科技致富通人人"的教育培训之路。截至2018年2月,全省共播出电视夜校76期,观看人次500多万,开通电视网络80多万个,覆盖所有与创新创业相关的农民、干部、服务。"电视+夜校+热线"的教育模式,增强了人们对农村现代化致富的信心和发展生产的能力,为农业农村现代化奠定了坚实的基础。

第三,加强农村基层党的领导和党组织建设,强化农业农村现代化的领导力量。各农村要加强以党的建设为主导,创新思想政治工作的方式和方法,要求党的干部要实事求是,扎扎实实做事,不弄虚作假,不玩数字游戏,搞"假农村现代化",用实际行动教育和影响各地农村群众,带领广大农村群众发展农业产业致富。如四川省巴中市以党建为纲领,以"六行动"的"1+6"精准发展模式为宗旨,补齐标准、干部驻村、鼓励创业、资源聚集、监督考核、治理作风等方面的短板,采取"培养专家入党"的方法,培养党员成才致富,培养优秀党员做支部书记,极大地促进了农村基层党员干部思想升华、能力成长和作风转变,充分调动了农民群众的积极性、主动性和创造性。又如湖南省怀化市南木桥村"党建联村,共同发展'1村+8村'";山西省天镇县"以党的建设为领导,促进农村妇女自主创业";江西省石城县"党建+创业致富带头人"推进农业农村现代化;贵州省合漳县海雀村"以党建为引擎,探索'十子法'机制"等,都充分调动了党员群众的积极性,有效地补齐农村致富的短板。

第四,创新农村精神文明建设载体,促进群众"精神创新",实现人的全面发展。各地农村基层党组织和广大农村思想政治工作者积极开展精神文明建设活动,以解决农民群众的"精神问题",满足他们的精神文化需求,提高农村社会文明程度,促进农村群众的全面发展。如山东省济宁市将优秀传统文化与农业农村现代化紧密结合,实施"育德+创新+解难"的精神教育模式,深入挖掘儒家思想精髓,培育新的道德风尚,促进农村社会正确价值取向的回归,以文明的乡风和质朴的民风向群众传递坚持不懈、自强不息、艰苦奋斗，紧紧围绕农业农村现代化的"主旋律"。通过开展喜事新活动、多提宽薄丧事、简化丧事等风俗习惯改变活动，有效刹住了村民间的攀比风，减轻了群众负担，建立了新的健康风尚，为农业农村现代化奠定了良好的基础。

三、实施乡村振兴战略中的农村思想政治工作

党的十八大以来，党中央加强集中统一领导，保持战略定力。农业农村发展取得巨大成就，发生重大改革，为稳定经济社会大局发挥了"压舱石"和"稳定器"作用，为实施乡村振兴战略奠定了基础。但也应该看到，在广大农民群众中，还存在着与农业现代化和工业发展不相适应的传统小农意识，以及受城市文化和生活方式的影响，造成的离土离乡的思想倾向以及文化素质、文明素质低下，生态意识淡薄等。为解决农村干部群众的思想问题，促进乡村振兴战略的顺利实施，全国农村基层党组织和广大农村思想政治工作者围绕实现"五大振兴"，开展了卓有成效的思想政治工作，探索创新方法和载体，为乡村振兴战略的顺利实施提供政治保障和精神动力。

第一，扶持农村产业振兴。一方面，农村基层党组织和广大农村思想政治工作者，通过引导农民群众摒弃小农意识，鼓励农民开展多种形式的合作和工会，提高抵御市场风险的能力；另一方面，通过打破农民的旧观念，逐步引导他们向企业家学习工匠精神，倡导形成诚信守法、创新创业的良好环境。例如，2012年，山西省天镇县利用距离北京仅280公里的区位优势以及2.6万名在家待业女性的劳动力优势，提出了"万名女性跑进北京，增加劳动收入，创新产业"的构想。但是，在执行过程中遇到了很大的困难。"面朝黄土，背朝天空"的传统观念深深根植于天镇农民的心中。外出打工的女性有"三种恐惧"：一是工资没有保障，二是有危险，三是在大城市沟通困难。每一次动员妇女外出就业，都要通

过五个层面,即村干部的思想层面、妇女自身的观念层面、丈夫的面子层面、孩子的理解层面、村民的舆论层面进行思想政治工作。为了减轻群众的思想负担,天镇县前副县长王建辉亲自带领妇联同志早起下乡动员,为农民算长期账、增账,逐步消除妇女的顾虑。为进一步解决农民关心的问题,天镇县以家政服务培训基地为平台,整合全县10个社会组织和行业协会的党员,成立天镇县家政服务培训中心联合党支部,通过宣传、培训、研讨等方式,积极构建"基地+党支部"的运作模式,引导当地群众思想和转变观念。截至2018年底,天镇县已对1.2万余名妇女进行了共计115期培训,来自天镇县的6000多名保姆走出大山,到北京、天津、太原等大中城市从事家政服务,劳动收入超过2亿元,形成了较为成熟的家政服务产业。

第二,助力农村人才振兴。乡村振兴需要人才,农村基层党组织和思想政治工作者积极开展思想政治工作,在引进外来人才、培育农村本地人才方面发挥了重要的思想引领和人文关怀作用。福建省南安市山镇荣中村实施的"1+11"致富创业领袖模式,是以转变思想观念为突破口,以创业为导向,以解决问题为原则的复合型培养形式,可操作性较强。其中包括1个月的基础培训内容和11个月的"师傅带徒弟"创业指导方法。基地培训主要分为四个部分:一是点燃创业激情;二是选择正确的创业方向;三是观察和学习;四是制定创业计划。截至2018年底,培训基地已聘请创业导师500余人,累计培训学员3600余人,其中创业致富领军人物1847人。这些地方企业家的创业活动激活了农村的内生动力,促进了地方特色产业的发展,提高了农村创业创富的"造血"能力。

第三,助力农村文化振兴。农村文化振兴是乡村振兴的灵魂工程。党的十八大以来,农村基层党组织和一大批农村思想政治工作者积极开展思想政治工作,加强农村文明建设,不断提高农民精神风貌,不断提高农村社会文明水平,振兴农村文明。为了解决村民对法律诉讼的畏惧和农村良好习惯的逐渐消失问题,张家港市善港村通过党建文化的引领整合作用来构建"善港善治"文化体系,以实现党建引领善治、法治保障善治和德治促进善治,充分挖掘了"善治"文化内涵,发挥党建文化的教育、熏陶和示范作用,突出了农村传统公序良俗的教育引导作用。此外,当地政府还用群众语言编写了一篇144个字的《扬善立德三字经》,组织编排了评弹剧《善港的好心人》,依托"善港讲堂""善港书场""善人善事点赞墙"和"善港善治十评比"等受欢迎的文化活动模式,充分弘扬"善治"文化,倡导人们"知善、向善、行善、扬善"。同时,该村还专注于完善"善治"文化制度,紧密围绕"强化依规治党"目标,善港村梳理整理了相关村党组织和干部权力内容,参照便民利民原则充分协商后,制定了村党组织"权力清单",以期提升治村水平;引入村党委法律顾问规程,开展重要决策法律咨询,将书记述法纳入联述联评联考;定期举行"固定学法日"活动,同时建立法治惠民服务制度,在便民服务大厅设立法治服务站,村党委法律顾问团为村民提供法律咨询服务。经过多年的实践,善港村探索实施的党建引领村庄治理法治化模式已经取得重要成果,村民法律意识明显增强,党员干部依法办事的能力大大提高,农村自治法治化水平显著提升。这种模式为新时代农村合法治理、探索"三治融合"新模式,为其他乡镇实现乡村振兴战略提供了有力的推进路径和基础参考。

第四,助力农村生态振兴。生态宜居是乡村振兴战略的重要工程,习近平总书记提出,推进绿色发展是农业发展观的一场深刻革命。农村的本色在于绿色,没有绿色,生产和生活就难以为继。自党的十八大以来,农村基层党组织和广大思想政治工作者积极从事思想政治工作,引导农民群众牢固树立"绿水青山就是金山银山"的生态发展理念,并全面唤醒村民保护生态环境的意识,本着尊重自然、顺应自然、保护自然的指导思想,加速转型农村生产生活方式,推进农村生态振兴,全力打造优美整洁的生活环境、健康稳定的生态系统,实现人与自然和谐共生,建设宜居美丽的乡村。广东省正在积极实施"千村示范、万村整治"工程,加快建设宜居美丽乡村,培育岭南特色小镇,规划建设特色小镇,展现岭南文化精髓,打造乡村振兴的新支点和载体。该省特别组织农村基层干部和群众认真学习借鉴浙江的成功经验，深入贯彻"保护环境就是保护经济"的理念，有步骤、有计划地开展创建工作，加速推行"创造一千个以上示范村"的计划，预计在十年内完成基本整治并提升全省农村人居环境。

第五，助力农村组织振兴。农村组织的发展是乡村振兴的前提和动力。农村基层干部和群众的团结奋斗至关重要，好支部、好党员和好队伍也是实现乡村振兴的重要保障。2018年全国"两会"期间，习近平总书记曾提出，要通过强化农村党建为主抓手，推动实现农村组织的振兴。这需要在农村建立大量强有力的基层党组织，培养成千上万的出色基层党组织书记，为乡村振兴注入强劲动力。农村基层组织建设正在全国各地积极展开，通过提高农村党组织的组织力和凝聚力，树立新形象、适应新形势、谋求新发展、打破新困境，引导广大农民群众共同致力于实现乡村振兴的目标。广东省积极推行"头雁"工程，通过建设坚实的农村基层党组织实现乡村振兴。其中，优选和强化农村基层党组织领导班子是首要任务。根据"统筹选派、统筹管理、统筹使用"的原则，每年安排约1000名优秀党员干部驻村帮扶，担任农村党组织第一书记，帮助解决软弱涣散、经济薄弱等问题；针对全省农村党组织书记的履职情况，全面深入地开展检查工作，具体问题具体分析，指导和帮助农村基层党组织提升能力水平。该工程的推广有效形成了"头雁效应"，为乡村振兴注入强大的动力。这项工作已取得了较好的示范效果。

经过对全面建设社会主义现代化国家的实践探索与总结，我们认识到，农村思想政治工作已经成为农村各项工作的"生命线"。因此，各级领导必须充分认识到思想政治工作在农村建设和各项工作发展中的必要性，高度重视并采取统筹规划、明确部署等措施，确保基层党组织有活力、基层党支部书记有权威、基层党组织有战斗力。同时，健全的制度和机制可以为有志、有能的人提供更多实践创新的机会和空间。此外，还需要一支高素质、高能力的思政工作团队，他们不仅要具备充沛的工作热情，还要善于将党的中心任务与本地实际情况相结合，开展更具创新性的思想政治工作。

四、新时代以党的创新理论和"三农"政策宣传为主线的思想政治工作

目前，我国农村在理论宣传方面总体上呈现向好的趋势。但仍有部分农民思想比较传统，对习近平新时代中国特色社会主义思想和具体政策的理解程度较低，存在长期不专心、不关心、不参加学习的态度。面对广大农民群众，不能脱离实际讲理论，他们更关心的是理论能不能解渴、能不能绝对奏效。如此一来，如何将理论变得更加"接地气"，也成为新时代农村思政工作者急需解决的问题。

一方面，通过网站推动农民对习近平新时代中国特色社会主义思想进行系统学习，实现理论知识"大众化"。不仅要推广宣讲中国特色社会主义理论、党的路线方针政策的网站，还要培养能回答关心农民的"人"。例如，河北省邢台市三河庄村在村里成立了"小马扎宣讲小分队"，随时与附近村民面对面交流，随时宣传党的政策。

另一方面，各农村地区在当地党委的指导下，大力实施"三农"政策，为促进群众的脱贫致富展开农村思想政治工作。在农村高悬乡村振兴方针，大力宣传乡村振兴的重大决策以及典型做法和成就。同时，开展"智志双扶"和诚信教育工作等精神文明建设活动，消除"等靠要"思想，遏制落后思想的代际传递，提高居民素质，从而增强乡村振兴的内生动力。为了做好农村思想政治工作，广大农村地区按照"二十字"方针，向农民群众宣传乡村振兴战略，力图实现政策目标向村、向户和向人的全面覆盖。这一做法极大地增强了广大农民群众对乡村振兴的信心，为全面建设社会主义现代化国家、实现中华民族伟大复兴注入无穷动力，为农民群众共建幸福家园打好坚实基础。

五、以农民思想建设为主线的思想政治工作

农民的思想政治意识和科学文化素质的提高主要通过对农民开展思想政治工作实现。农村思想政治工作主要包含理想信念教育、发展理念教育、社会主义核心价值观教育、"四史"教育、生态文明教育、社会主义法治教育等方面的内容。

一是开展理想信念教育。理想是指引前进的方向,信念则是在为理想奋斗时提供必要的精神支持。在新时代,农民的理想信念教育应当以习近平新时代中国特色社会主义思想为指导,根据农村发展的实际需求和农民群众的具体情况,加强马克思主义理想信念教育。要让"乡土梦"和奋斗精神深入人心,使农民摆脱懒散思想,使广大农民群众坚定信仰、增长实力,让乡村变"热土",实现农村从脱贫到振兴的转变。

二是进行发展理念教育。即宣传创新、协调、绿色、开放和共享五大发展理念。为了实现"农村美、农业强、农民富"的宏伟目标,必须采用和培养具有战略性、纲领性和引领性的发展理念、发展思想和发展格局,引导农民群众的生产生活,促进农业、农村和农民的健康发展。在党的领导下,农村思想政治工作者充分发挥了新发展理念引领新农村建设和转变农民思想的作用。通过运用农民的发展思想和智慧,许多农村如江苏华西村和河南南街村等,成功实现了"强村"建设。这些成功的案例证明了对农民进行发展理念教育是激发农民群众内生动力的重要措施,对促进农村经济文化发展具有积极影响。

三是推进培育和践行社会主义核心价值观。社会主义核心价值观教育对增强广大人民群众的凝聚力、向心力和强大影响力有重要作用。为贯彻落实习近平总书记重要讲话精神,广大农村广泛开展了"五好家庭""好姻亲"等活动,将正确的核心价值观传播到广大农民之间,不断提高广大农民群众的社会群体意识和自身文化素质。当前中国特色社会主义进入新

时代，建设高素质农村人才的目标更加要求广大农民群众积极培育践行社会主义核心价值观，增强对优秀主流文化的认同感和归属感，成为一批有理想有信念的正能量高素质农村人才。

四是对广大农民进行"四史"学习教育。以"四史"学习教育为契机，向广大农民群众讲好我国山区农村的发展史和奋斗史，鼓舞农民在乡村振兴发展的实践中发挥主体力量。

五是加强农村生态文明教育。农民是农村生态文明建设的主力军。因此，在做好农村思想政治工作的过程中，要高度重视农村生态文明教育，引导农民意识到生态文明教育对于农民生态观念的转变、增收致富以及乡村振兴和繁荣的重要作用。一方面，要传播生态文明理念，开展生态文明教育并引导农民学习，以起到正向激励作用，推进农村生态文明建设；另一方面，在"厕所革命"、垃圾治理、改善人居环境等专项治理活动中突出农民主体作用，促进农民群众生态保护措施养成、构建美丽乡村共建共守的共识。

六是加强农村法治教育。依法治国是党领导人民治理国家的基本方略，对农民群众进行社会主义法治宣传是非常必要的。根据《中国共产党农村工作条例》，应当加强农村思想政治工作，广泛开展法治宣传教育，以此来提高农民群众的法治认知与素养。在习近平新时代中国特色社会主义法治思想的引领下，农村地区广泛推行守法、普法活动，创新法治宣传方式并改良教育模式，将法制宣传、法治精神及法律知识注入实践。这不仅提升了干部和群众的法治素养和观念，而且有效采用法律思维和方法，解决了农民矛盾纠纷，促进了农村的和谐稳定。如赣州市寻乌县实施"法润乡风"计划，有效发挥司法机关在基层治理中的作用，形成了独特的"寻乌经验"，有法可依、有法必依、科学执法、民主执法，提高了该地区的整体治理水平。

六、以文化建设为主线的思想政治工作

（一）乡风文明建设提振乡村风貌和农民精神风貌

在特定的地域范围内，人们在生产和生活中所形成的风尚、价值观和生活方式等，以及在实践中所遵循的行为模式和规范，统称"乡风"。"乡风"反映了当地民众的价值取向、道德标准、行为准则以及风俗习惯和传统习惯等方面。农民的思想道德行为、生活方式和社会风尚因自然条件和社会文化的差异而呈现出明显的异质性。因此，"乡风"对农村经济发展起着非常重要的作用。当前，农村地区仍然存在因婚致贫、人情债务、封建迷信、铺张浪费等不良现象，阻碍了农民思想观念的转变，同时也对整个村庄的面貌和风貌产生了负面影响。随着我国全面建成小康社会，"三农"问题已上升到关系党和国家工作大局的高度。在全国各农村乡风文明建设中，重要的指导方针是推广新风正气，倡导移风易俗，培养文明乡风、良好家风和淳朴民风，以焕发乡村文明新的精神面貌。因此，加强对农民的教育，提高他们的思想道德水平是当前农村工作的首要任务之一。

为了提升农民的精神风貌、文明程度和促进乡风文明建设，各农村地区正在积极推进新时代乡村新风行动，包括修订村规民约、实施殡葬改革、消除陈规陋习等，开展文明活动旨在反对攀比和铺张浪费的风气，以优良的乡风、家风和民风带动社风，共同营造健康、文明、节约的社会风尚。近年来，各地纷纷探索在社会主义核心价值观引领下的乡风文化建设路径，如村党组织书记带头开展党的群众路线教育实践活动等，已经成为当地推进乡风文明建设的主流。同时，各地也纷纷结合自身特点，探索出一些行之有效的路径方法。在北京市通州区仇庄村，创新的家风工作模式以"十字"家风为引领，奏响了乡风文明的乐章；为了促进移风易俗的制度化和常态化建设，石家庄市杜村也根据当地实际情况，创新了一种名为

"五字经"的方法，以助力乡风文明的发展。在赣州市斜溪村的村庄中，成立了一个名为"四会"的村民组织，旨在制定红白理事会的章程，以避免浪费，同时通过村规民约来营造和谐乡村，倡导和树立乡村新风。

（二）乡村文化建设筑牢农民文化自信之基

乡村，从传统角度来看，它被视为礼仪发源地和伦理根基；从情感角度来看，它被视为一种文化认同和情感归属；从资源角度来看，它有着弥足珍贵的文化资源。农民的农业生产与生活实践的发展使乡村社会逐步形成并发展起来具有特定的农村自然机理的知识结构、乡风民俗、行为方式、社会心理和价值观念，不仅成为农民群众生活的重要组成部分，更是农民群众赖以生存的精神寄托。乡村文化是农民群众的根和魂，对农民群众的思想和行为产生了深远持久的影响。当前，一些落后腐朽的文化沉渣泛起，不仅消磨了农民群众的意志，也在影响着社会主义核心价值观在农民群众中的树立。因此，为推进农村文化建设，新时代各农村地区利用农村特有的乡土文化、红色文化资源和产品，发挥乡土文化在自我发育、自我造血等方面的功能，以优秀乡土文化教化群众、凝聚人心、淳化民风。如江西省井冈山市案山村在实现创新创业中，致力于把红色文化与乡村振兴相结合，使其成为乡村振兴的文化保证；安徽省芜湖县湾沚镇桃园村注重以文化人、以文养德，通过深挖"中国好人"王能珍等英雄事迹，将乡土文化和红色基因植根农民群众的"骨髓"和"血脉"，在实践中传递正能量；山东省曲阜市武家村为农民群众设立"儒家学堂"，在教育、学习中启发农民群众要传承、弘扬和发展优秀传统文化，从而实现育人的目的；湖北省二官寨村深入挖掘乡村历史文化，厚植乡村底蕴，促使农民群众在文化中弘扬正能量。

第三节 农村思想政治工作存在的问题

一、部分农村思想政治工作者与新时代农村发展要求不相适应

（一）部分农村思想政治工作者思想认识不到位

社会意识是人们对社会存在的主观反映，它包含人们的观念、信仰、道德、法律、艺术等多种意识形态。在社会意识的范畴中，思想观念作为一种不可或缺的元素，不仅是个体认知世界、分析问题和解决问题的工具，还是社会发展进步的动力源泉。思想观念在社会意识中扮演着指引方向和价值取向的角色，它影响着个体的行为模式和社会的整体发展。当前我国农民正处在由传统农业向现代农业转变的产业变革期，随着经济结构、产业结构的调整，广大农民群众的思想认知发生了深刻变化，这迫切需要对其加强思想政治工作，以适应新形势的需要。

乡村振兴政策的全面落实离不开党的路线方针政策的有力执行，而农村基层组织则是紧密联系农民群众的基本纽带，也是端正党风、保持党的先进性和纯洁性的重要保障。党的二十大报告明文规定："要坚持大抓基层的鲜明导向，把基层党组织建设成为有效实现党的领导的坚强战斗堡垒，激励党员发挥先锋模范作用，保持党员队伍先进性和纯洁性。"基层党组织书记作为党支部的第一责任人，在推进社会主义新农村建设中发挥着重要作用。基层干部作为思想政治工作的实践者，他们是推动党的农村政策宣传、凝聚力量、引领全体人民走向小康的中坚力量。因此，加强基

层党组织书记人才队伍建设对于推进农村现代化发展意义重大。农村思想政治工作的效率、党的路线方针政策能否顺利贯彻实施以及农村小康家庭建设进度，都直接取决于这支队伍的建设质量。因此，加强农村基层党支部书记队伍建设就显得尤为重要。近年来，农村经济建设呈现蓬勃发展之势，农民的外部接触范围不断扩大，获取信息资源的方式和渠道也越来越便捷和宽阔，这使得他们的价值追求、思想理念和思维观念受到了深刻的感染和改变，农民新的需求和农村新的现象不断涌现。

尽管农村基层党组织不断增强其凝聚民心、服务群众的宗旨意识，以保持农村的稳定和和谐，但对于农村思想政治工作者，尤其是农村政工干部而言，他们对党和国家最新政策的理解存在片面之处，对新的历史条件下农村思想政治工作的特点和规律把握不准，脉络摸得不清，只能采用灌输的方式将上级政策进行照本宣科式的原文传达，这不仅与农村实际脱节，无法引起农民的共鸣，也存在一定的滞后性。由于未能及时协助解决农民的思想和生活难题，农村思想政治工作者所开展的工作与农民所关注的热点问题脱节，导致农村思想政治工作缺乏生命力，缺乏时代感和说服力，难以被广大农民群众所接受，甚至可能引起部分群众的反感和抵触。这直接影响党在农村执政地位的巩固以及社会主义新农村建设的顺利推进。

第一，部分基层组织工作者存在认知不足的情况，对于农民思想政治工作仅仅是浅尝辄止，未能深入了解。对于当前我国农村农民处于的阶段认识不足，对党的创新理论成果的学习研究不足，对于农村思想政治工作的认知仅停留在表面，缺乏深入思考其本质、实施方式的精神能力。

第二，部分思想政治工作者缺乏对工作重要性的认知。这部分工作者多把农村思想政治工作看作一种单纯的行政管理行为，认为农村思想政治工作只是在表面上做些虚功，未能深入学习思想政治工作对农村建设的定基作用，只是应付差事，导致其陷入了一种"讲是最重要的，做是次要的，忙起来就扔掉"的恶性循环。

第三,部分工作者将农村经济工作和思想政治工作的关系混淆,错误地认为只要村庄经济得到发展,百姓就能获得实惠,从而解决所有的思想问题。意识形态具有独立性,有时候社会的发展不见得能够推动人民思想的前进,因此,发展农村经济、文化、政治同等重要。

第四,部分从事相关工作的人对于自身的定位认知存在一定程度的模糊性。有些工作者将自己定位为机械式的"任务型"干部,缺乏思想上的主动性,无法向"学习研究型"和"创新型"干部转变,对待工作被动接受,缺乏对问题深钻广钻的干劲。还有部分工作者对于当前我国农村经济发展中出现的新情况、新问题认识不够全面,"躺平式"办公的情况比较普遍。

(二) 一些农村思想政治工作者的工作作风形式主义

思想是引领行动的舵手,若思想有误,行为也将失去方向。一部分同志对做好新时代农民群众的思想政治工作缺乏应有的紧迫感,存在一些模糊认识,有些乡村思想政治工作者的工作方式存在形式主义的倾向。

第一,工作方式单一。有些乡村的思想政治工作者持有一种"全心全意只想完成任务、拍照留念、总结撰写精美文章"的态度,他们用精美的形式将国家的政策、方针、策略传达给广大群众,再以相同的方式将所谓的"照片成果"发布到网上,"完美"完成任务。对于宣讲内容还未完全领会,只是泛泛而谈、照本宣科,部分工作人员通过创建"微信群"的方式转发上级要求,使得公众只听到了手机的叮叮当当的响声,却没有对其内容进行详细的解释和说明,根本不管工作宣传是否有所反响,一味地注重任务的完成度。有些从业者认为,只要将上级要发布的通知、政策和文件传达出去,就算是圆满完成了工作任务。

第二,部分基层组织的群众基础不稳。有一部分人认为,作为一名农村党员干部,应该为农民群众做一些力所能及、实实在在的事情。如果农村思想政治工作者想做好农民群众思想工作,则必须深入农村和农民群众，获取第一手资料并掌握农民思想变化的规律，这是其基本功。然而，在实践中，有一部分从事工作的人却只是"纸上谈兵"，并没有前往农村实践考察。这部分工作者由于缺乏实际行动和与群众的互动机会，对农民群众内心最深处的想法和动态处于一种不知情、不了解的状态，直接导致了理论与实践脱节的问题，失去了农民群众的信任，导致群众基础不稳定。

（三）一些农村思想政治工作者自身专业知识和技能不足

在新时代下，我国农业发展速度不断加快，农民群众对精神文化生活的需求越来越高，因此，专业人员必须具备深厚的理论知识和专业技能，这是他们不可或缺的素养。一位具备专业技能和资质的农村思想政治工作者，必须掌握农业领域的业务知识，方能充分发挥农村思想政治工作的巨大潜力。农村专业技术人才的缺乏严重制约着我国社会主义新农村建设进程中农村思想政治工作开展效果的提升。然而，在新时代的背景下，农村工作环境的多变性引起了对一些农村思想政治工作者的专业技能和能力是否能满足农村思想政治工作发展需求的质疑。此外，农村思想政治工作人员的年龄结构呈现出明显的大龄化趋势，其受教育程度普遍较低，适应时代发展的能力也相对缓慢，更新现有的知识和技能的能力也比较薄弱。乡村"三农"领域的领军人物数量和能力亟待提升。

二、农村思想政治工作的社会各方面支持度不足

（一）农村思想政治工作发展的经济投入不足

经济基础决定上层建筑，农村各项工作都与农村经济发展密不可分，农村思想政治工作也不例外。随着国家实施一系列"支农惠农强农"政策，农村经济发生了显著的转变，农民的收入和生活水平得到了提高，但思想政治工作却未能跟上经济发展的步伐，导致许多基层干部对思想政治

工作缺乏足够的重视和认识，认为其可做可不做，即使做也处于次要地位。这在很大程度上影响了新时代农村思想政治工作开展的有效性和针对性。农村思想政治工作的顺利开展离不开充足的工作经费投入，然而目前来看，各个农村难以确保对该领域的资金注入，尤其是在村风整治、农村文化建设以及农民再教育再培训等方面的投入显得过于匮乏。

一方面，外部资金注入明显缺乏。全国农村的发展状况各异，思想政治工作的经费分配存在不平衡现象，未能因地制宜、精准投入经费，从而妨碍了农村思想政治工作的高效运转。农村思想政治工作的主要资金来源于财政拨款，社会组织和企业更多地关注农村基础设施建设、民生工程建设，而对农村思想政治工作的经济资助则相对较少；另一方面，村集体经济所得主要用于推动农村产业的发展和基础设施的建设，而用于改善社会风气、提升村民思想道德素质、丰富农民文化知识和精神世界、宣传和组织思想政治工作的实践活动的经费较少。一些地区"重钱轻人"的观念依然没有改变，以经济和行政手段代替农村思想政治工作的现象十分严重，从而忽视了农村实际情况的分析，没有真正了解农村社会的复杂性，更谈不上掌握农民的思想需求规律。因此，农村的思想政治工作未能得到有效的引导和解决，导致农民群众所面临的现实思想问题和生活中的痛点难点难以得到及时的解决，干群关系也难以建立紧密的联系。

（二）宣传农村思想政治工作的科技支撑较为薄弱

在农村各项工作中，科学技术的蓬勃发展发挥了重要的赋能作用。但是与之相比，农村基层思想政治工作中的科技支撑还存在诸多问题。主要表现在以下方面：

第一，农村思政工作宣传手段尚处于相对滞后的状态。当前，农村地区主要以移动通信设备和宣传栏为主要形式，传播媒介形式简单、成本低廉；信息覆盖面小，不能及时传递给村民，宣传教育方式较为单一。目前，线下宣传栏大都设立在基层党组织办公处，由于居民居住地与村委会有一定距离，部分农民群众不愿奔走，也不愿主动了解宣传栏的内容。部分农村地区依旧存在宣传教育方式陈旧、缺乏创新、手段单一的现象，无法满足群众多样化的需求。这些农村地区的数字化基础设施不健全，导致信息传播不畅，影响了思想政治工作的有效性。

第二，高科技产品的操作普及程度低。由于农村受教育群体的分布有差异性，且认知水平有限，部分人在高科技产品的应用和操作方面存在欠缺，这导致他们难以在短时间内全面了解工作内容和活动，从而使宣传教育效果与预期目标存在一定的差距。相较于城市，乡村难以整合各类优势资源跟上数字时代的发展。中国社会科学院信息化研究中心2021年发布的《乡村振兴战略背景下中国乡村数字素养调查分析报告》显示，农村居民高科技产品素养比城市居民低37.5%，城乡之间依然存在明显的信息逆差和"数字鸿沟"，中西部地区部分农村数字科技发展依旧迟缓，城乡间数字科技发展不平衡现象依旧存在。2024年3月22日，中国互联网络信息中心（CNNIC）在京发布第53次《中国互联网络发展状况统计报告》（以下简称《报告》）。《报告》显示，截至2023年12月，我国网民规模达10.92亿人，较2022年12月新增网民2480万人，互联网普及率达77.5%。截至12月，农村地区互联网普及率为66.5%，相当一部分农村居民从未接触过互联网。这种鸿沟导致在信息技术高度发展时期仍然存在"乡村迟滞"现象，阻碍了农村地区高科技产品的操作普及程度。

（三）支撑农村思想政治工作的人才资源较为薄弱

千秋伟业，人才为本。在乡村振兴战略背景下，加强农村思想政治工作具有十分重大的现实意义和深远历史意义。但是，农村工作的开展一直受到人才短缺问题的困扰。首先，农村思想政治工作是农村各项工作中不可或缺的一环，其涵盖的内容繁多，错综复杂，再加上"上面千条线，下面一根针"的工作模式，使得农村基层工作者面临沉重的负担和巨大的压力。其次,人才的引进、培养和留存都面临着巨大的挑战。农村社会结构变迁与乡土文化缺失是阻碍农村人才聚集的主要原因。同时由于农村经济不发达、社会环境复杂、文化传统落后以及农民自身素质不高,使得基层工作者对农村思想政治工作产生排斥心理,农村基层组织人员留存率不高,当地的思想政治工作者不愿意停留,外地的思想政治工作者则不愿意前来。农村的思想政治工作陷入了两难的境地。

三、农村思想政治工作创新意识不强

(一) 一些地区的农村思想政治文化建设不适应新形势

随着农村改革力度的不断加大,农村政治、经济、文化等各个方面都经历了翻天覆地的变革,新的情况和问题也不断涌现,这使得思想政治工作面临着更加严峻的挑战。然而,由于思想政治工作方法缺乏及时有效地更新,致使思想政治工作未能达到预期的成效。随着高质量发展的推进,人民的物质生活水平不断提升,我国的农村文化建设已经取得一定的成就,并且为社会主义新农村的发展做出重要贡献。然而,在全国范围内,特别是在一些偏远和落后的地区,农村的文化事业仍然存在着许多不足之处。

第一,文化设施急需更新。近年来,随着党中央和各级政府一系列政策的制定和实施,农村的文化事业和文化活动得到了蓬勃发展,这为现代农村文化市场的形成提供了有力支持。特别是"十一五"期间中央对社会主义新农村建设作了战略部署,提出要大力发展农村经济、繁荣文化生活,给我国农村文化带来了巨大的发展机遇,也为广大农民群众提供了更多参与文化活动的机会。然而,在许多农村地区,文化建设这一主题仍存在诸多短板,如设施陈旧、活动形式单一、文化产品和服务的供应不足等;有些地方文化工作经费短缺,可供使用的专属图书馆寥寥无几;农村文化资源相对匮乏,难以满足广大农民群众对丰富文化生活的需求，文化活动的形式缺乏新意，呈现出单一而陈旧的特点。这些都给当前新时代做好农村群众思想政治工作带来极大困难。尽管在某些农村地区增设了文化设施，但在农村文化建设的进程中，宣传思想工作的力度不足，加之由于长期缺乏适合农民的活动场所，文化设施滞后，文化活动创新性不足，形式单一枯燥，在农民中缺乏榜样的感召力，无法唤起他们内心深处的共鸣。

第二，民间文化演出队水平有待提高。一般来说，民间文艺队伍规模小、数量多，有利于向精益化方向发展。但由于其成员大多数是非专业人士，往往不具备专业水平，因而在演出活动中也就难以产生品牌效应。目前我国的基层文化演出大多都是由政府或部门主办的，多数由民间自发组建的文化演出团队承办，难以建立有效的管理规章和相关制度，演出缺乏专业性和体系性，其表演的节目大多以模仿为主，缺乏创新，内涵不够丰富，且大多数民间剧团都缺少经费来源，主要依靠政府补助或社会捐赠来维持运营。此外，受现代快时尚文化的侵袭，很多演出出现低质化、粗俗化的现象，很大程度上阻碍了农村基层思想政治教育的步伐。

第三，文化阵地普遍失守。目前，我国的主要矛盾已经转变为人民日益增长的美好生活需要和不平衡不充分的发展之间的矛盾。在农村地区，影视播放室和广播站虽然偶尔播出，但其内容已经过时陈旧，缺乏与当地农村和农民生活实际紧密联系的高质量内容。目前全国已有许多地方设立了图书馆或图书室，但多数还停留在传统服务模式上，仍然不能满足农民群众对文化生活的需求，且许多乡镇图书馆和图书室经费紧缺、设备差、人员少、藏书不全，可供阅读的书籍数量不足、内容陈旧；在某些乡村地区，宣传栏和报刊栏上的信息更新速度缓慢，甚至缺乏可供阅读的图书资源。农民群众普遍缺乏阅读的机会，同时也面临无法获取最新农业科技资讯的困境。大部分村委会并未设立"老年活动中心""妇女之家""青年之友"等活动场所，并未最大化发挥其本身的功能和价值。

(二) 部分农村的思想政治工作顽固守旧，缺乏创新

农村思想政治工作是一项长期而复杂的工程，必须根据时代和社会的新情况不断创新，才能使之更加有效地发挥其应有作用。由于工作人员缺乏足够的适应性，基层组织工作方式和方法过于单一，只依赖经验而非科学；工作方法陈旧落后，不能适应时代要求；新方法不会使用，老方法不愿使用，硬方法不敢使用，软方法不顶使用。有的干部对新形势下农村形势还存在着模糊认识和错误倾向，在工作中，仅仅满足于召开会议、发布文件、高喊口号、下达命令等与群众生活无关的说教，缺乏精神与物质上的双重激励，难以激发群众的主动性。因此，如何提高工作效率，激发和培养人们的创造性思维，成为当前加强农村思想政治工作解决的问题。

近年来，尽管部分乡村地区也在积极探索新的途径和方法，例如在湖南省郴州市开展了"新型农民创业培训""夕阳红"讲师团与对口的职业技术学院结对子，将理论引入农家等活动，对于加强和改进农村思想政治工作有一定启发作用。但就整体而言，农村的思想政治工作方式仍然陈旧单一，形式呆板，充斥着说教色彩。此外，农村思想政治工作的教育内容缺乏创新和活力，未能开创新的局面。因此，如何提高农村思想政治工作实效性就成为我们需要研究的一个课题。在进行思想政治教育工作时，需要考虑到受教育者的心理需求，同时也要确保教育内容易于被他们所接受。在农村地区，人力资源的发展相对滞后，单纯依靠现有的科技知识培训已经无法满足新时代农村和农业的需求。尽管已经陆续建立了各种农村配套的培训机制，但由于缺乏足够的投入和监管，这些机制和规划的落实都需要进一步强化。

(三) 一些农村思想政治工作缺乏长效工作机制

当前，农村尚未建立起真正行之有效的新工作机制，而旧有的工作机制也无法跟上时代的步伐，从而无法充分发挥其应有的作用，无法满足当

前对农村思想政治工作的新要求。首先,农村基层思想政治工作的组织领导机制不够完善,导致农村思想政治工作缺乏有效的管控和问责机制,同时专职政务人员的数量不足,农村思想政治工作责任制不健全,未能真正贯彻到具体的个人和单位,始终未能形成长效机制。其次,农村思想政治工作缺乏可持续的监管机制,不同部门之间的协作机制明显不足,导致基层一线的党政机关干部在从事思想政治工作时,常常抱着"干与不干一个样,干多干少一个样"的心态,而在某些农村地区,有的"有场地,无人员"、有的"有人员,无场地"、有的"有场地,有人员,无活动",这使农村政工干部的主动性和积极性难以激发,从而给思想政治工作的开展带来了极大的挑战。

为了推动工作的顺利开展,需要在农村思想政治工作中建立长效工作机制。首先,建立健全领导机制。农村思想政治工作,不是一个部门、一支队伍就能做好的工作,各级党委要加大重视力度,时刻将思想政治工作挂在心上,超前谋划,各部门要各司其职,共同推进,建立以村党支部为核心,村委会、群团组织和社会各方面齐抓共管,干部群众广泛参与的思想政治工作体制。其次,建立考核奖惩机制。把农村思想政治工作纳入乡村干部提拔重用考核和年度考核,明确农村思想政治工作的目标任务和责任清单,做到有责必问、有责必查、有责必究,把思想政治工作的质量和效果作为基层干部政绩考核和奖惩的重要内容,保证农村思想政治工作有效开展。最后,不断强化长效制度保障。以健全自治、法治、德治相结合的乡村治理体系为切入口,不断强化长效制度保障,在乡村治理中融入思想政治教育,使自律与他律、内在约束与外在约束有机结合,让农村思想政治工作常态化、长效化。同时,充分利用重要传统节日、重大节庆日纪念日开展形式多样的群众性主题实践活动,发挥礼仪制度的教化作用,丰富道德实践活动,推动形成适应新时代要求的思想观念、精神面貌、文明风尚、行为规范。通过奖励先进、鞭策后进、奖惩相结合的综合措施,建立科学的考评体系，将思想政治工作的内容精细化、具体化、定型化，使之成为每一个人自觉行动的指南。

四、社会转型冲击农村的思想政治工作

（一）社会调整转型中新问题频增

随着新时代的到来，社会正在经历一场深刻的调整和转型，农民的思想观念也发生了翻天覆地的变化，农村社会涌现出一系列新的矛盾和问题。就业、治安、社会保障以及征地拆迁等问题与农民群众的切身利益息息相关，这些问题的重要性不容忽视。

当前农村问题的根源在于城乡二元体制，这一框架下，城乡发展出现了不协调的情况。要改变这一状况，就必须打破"三农"政策的桎梏，使广大农民能够真正融入到城市中来。当前形势下，农民群体处于一种相对稳定的状态，无论是在经验、技能还是知识等方面，都处于劣势地位，相当一部分农民在日益激烈的社会竞争中处于极为不利的地位。随着我国经济改革进程不断加快，城乡差距日益明显，尤其表现为城市与乡村之间的贫富差距拉大。这种日益凸显的不平等现象对农民的思维模式和价值观造成了深远的影响，从而使得农村的思想政治工作面临着极大的挑战。

（二）农村"空心化"的发展趋势递增

随着城市化、市场化、工业化的不断推进，农村生产生活方式和社会结构发生了翻天覆地的变化，自给自足的土地劳作已经无法满足农民在教育、医疗、养老等方面的需求。同时随着农业技术进步以及现代工业产品对农产品需求的增长，越来越多的农村剩余劳动力开始涌入城市。为了增加家庭经济收入、摆脱落后的生产方式、为子女提供良好的学习和生活条件，广大农民纷纷加速向城市转移，农村青壮年人口不断向城市和非农部门转移，进一步加剧了农村劳动力短缺的问题，同时也加剧

了农村"空心化"的趋势。一方面，部分农民失去对原有职业或岗位的兴趣，转而选择从事其他行业或者外出打工，以缓解自己的就业压力。但由于其文化水平和受教育程度不高，大多数人缺乏理解国家政策的能力，缺乏参与思想政治工作的意识和热情，很多外出人员仍然从事着收入微薄的底层工作；另一方面，一些地方政府对农民政治参与问题的重视不够，很多农民只履行了义务，未能很好地享受到相应的权利。农村青壮年劳力流出、老龄化趋势逐步上升，"空心化"趋势愈来愈烈，农村农业现代化的实施权利主体不足，农村思想政治工作接班无人，基层组织选拔途径变得越来越狭窄，村民自治恶性循坏、"积贫积弱"，严重阻碍了农村基层组织治理水平的提升。

第四节 农村思想政治工作存在问题的原因分析

要解决全面建设社会主义现代化国家，实现中华民族伟大复兴进程中农村思想政治工作中存在的问题，就要解决意识形态的问题，对问题产生的原因进行深入分析，做到从根入手、"对症下药"。

一、思想政治工作者对农民的责任感尚需提高

为了确保农村全面建设社会主义现代化国家，实现中华民族伟大复兴的宏伟目标，农村思想政治工作者必须全面、深入地理解农村思想政治工作的执行现状，对标自查，以增强责任感和主动性，积极开展工作，为实现中华民族伟大复兴提供政治保障和精神动力。

（一）思想政治工作队伍的素质还难以适应新时代农村发展的要求

目前，农村思想政治工作队伍的整体素质不高，尤其是日常与农民密切接触，在一线工作的村干部，直接代表着全体基层工作者的素质面貌，很多基层工作者不注重个人形象，开展工作不规范，工作实效性不强，直接导致农民对基层工作的信任度不高。一方面，农村人口老龄化现象普遍严重，农村地区仍然有很大一部分基层组织实行村民自治，农村基层工作者自身的文化水平相对较低，学习能力比较薄弱，知识面相对狭窄，缺乏对党的方针政策的深入学习和对国家法律政策的正确理解，许多村干部在为农民的学习和生活提供指导和服务方面遭遇了巨大的障碍。同时，部分村干部素质不高，思想观念陈旧落后，工作理念更新缓慢，工作方法创新不足，无法快速地适应当前大量的信息化办公要求，不善于运用科学发展观指导实践。另一方面，基层组织治理大多依靠经验、传统办事，基层干部不愿学习、不愿进步，很多老旧的治理观念已经无法适应快速发展的社会需求的变化。

（二）农村青年生产要素缺乏

城市化是现代化进程中的必然趋势和显著体现，同时也是促进农村社会转型的重要动力。改革开放以来，我国的城市化进程不断加快，但由于历史原因，农民仍占到总人口的绝大多数，城乡二元结构仍然存在。随着乡村振兴战略的深入推进，农村群众在收入、居住环境、卫生医疗等方面均得到了显著的提升。与此相反的是，农村群众的思维模式和生活方式仍然停留在落后的状态，没有发生显著的转变。这就使农民的思想意识相对于其他人群来说较为保守。随着城市化进程的推进，农村地区出现了"空心化"现象，青壮年劳动力外出务工，导致老年人、弱势群体、疾病患者、妇女和儿童等人群成为村庄的主要劳动力。随着人口流动速度加快，城乡二元体制所带来的"虹吸效应"将不断加强，使得农村优质生产要素只会流向城市。同时随着经济水平和社会文明程度的不断提高，人们对自身生活品质要求也越来越高，这就导致了许多人不愿意到农村去。城市的多彩生活，使得相当大的一部分年轻人无法忍受农村相对落后的基础条件，因此很难出现年轻人向农村回流的情况。农村人口的大量流失，会导致土地闲置，进而形成"空壳村"，农村基础设施建设落后等一系列问题都将阻碍农业现代化进程。

结合上述分析，当前农村正处于财政收支不平衡的窘境，这就意味着农村将面临人口红利消失后劳动力短缺所引发的一系列问题。一方面是农村优质生产要素的外流，另一方面则是农村缺乏新的高质量资源的补给，这些都不利于乡村振兴战略的实施。乡村振兴的成功不仅取决于政策的支持，更在于人才的培养和发掘。因此在未来很长一段时期内，农村将面临着大量劳动力流失和高素质人才短缺等问题，受到"空心化"现象的严重制约。

二、部分农民群众的思想意识受传统思想与现代思想的影响

（一）农民传统思想观念浓厚

人类的思想意识是在特定的社会物质条件下形成的，而这些条件的满足则是维持人类生存和发展的重要前提。当前，随着经济发展速度的不断加快和城市化进程的持续推进，我国社会发生了巨大而深刻的变化，这对我们传统的思想政治工作提出了严峻挑战。

第一，部分农民未树立正确的财富价值观。随着全面建成小康社会的实现，农民群众的物质生活水平得到了基本保障，但一些功利化和自我中心的倾向也随之出现，部分农民群众缺乏正确的价值观和人生观，对国家和社会的责任并不重视。还有一部分人的思想仍然保守，他们满足于按部

就班、安于现状、得过且过的生活方式,缺乏对新环境的适应能力,无法以发展的眼光看待新事物和新思想,其思想观念具有狭隘性。在推进乡村振兴的进程中,一些农民认为政府应该承担更多的责任,为他们提供必要的支持和帮助,以便他们能够更好地发展自己的事业和生活。然而,这种依赖思想可能导致农民缺乏自主性和创新精神,从而影响乡村振兴的进程。有些人甚至认为自己是穷乡僻壤里的农民,根本就没有能力去改变落后的面貌,更谈不上创新。这种思维上的惰性,扼杀了农民的创造力,限制了他们的思维发展。

第二,传统农业文化影响根深蒂固。有些农民具有强烈的小规模生产思想,他们在生产和生活中养成了"家长指令式"的管理思维,一度认为他们所做的决策都是明智的。很多村落属于大姓宗族,其传统的宗族观念根深蒂固,人与人之间的交往呈现出以血缘、亲缘关系为基础的"熟人社会"特征,特别是在涉及农村重大事件时,容易形成"老人政治"的局面,这严重影响了那些因地位低而无话语权但又有想法的年轻人,他们在压力下无法施展自己的才华。一些村民认为,现在的农民越来越不懂政策和法律,他们在处理自己的利益问题上常常采取以言代法等方法。这些谬误观念的存在已经成为农村思想政治工作的一道"潜在障碍"。

(二) 农村现代化进程中多元思潮的出现和涌入

随着社会的不断进步和发展,农民的思想更新速度日益加快,他们越来越自觉地追求先进文明,对农村新事物的接受程度也在不断提高。在全球化的背景下,人们的思想受到社会多元思潮的深刻影响,导致对涌现的社会思潮缺乏准确的判断和识别,从而容易陷入盲目跟风的状态,进而导致农民群众的思想和行为出现偏差。

首先,盲目崇拜外来文化的思想倾向正在浮现。在互联网为农民提供便捷通信的过程中,有些村民错误地认为"国外的月亮比中国圆",甚至陷入"信息茧房",以为学习外来思潮是跟上时代发展的潮流,却未意识到这是外来思想入侵和腐蚀农民群众思想的一种表现，通过各种渠道侵蚀着人们的心灵，难以形成社会发展共识。多元化思潮冲击了农村原有的文化观念，容易导致传统价值观受到冲击。其次，随着多元思潮的涌入，农民的思想和行为发生了深刻的转变，从而导致了多元价值观念的激烈碰撞。农村青年在接受新思想后，有的表现出积极心态，有的则产生消极心理，他们渴望通过各种途径来实现自己的价值追求。一些年轻人深受外来思潮的熏陶，向往繁华都市的生活方式，对于在乡村这个广袤的舞台上施展才华并不感兴趣，渴望转变"乡村人"的身份，成为"都市人"。还有的年轻人则受到了来自外界的各种思想冲击，他们渴望得到更多知识、信息，希望通过自身努力实现自我价值，并以此为目标去奋斗。在这种"紧迫"的思维模式下，一些年轻人可能会对自己的认知产生偏差，对未来的发展和挑战抱有不切实际的幻想，从而导致思想上的混乱。同时，随着改革开放进程的加快，农村经济结构、组织形式、利益分配等也在不断发生变化，这些都为他们的思想意识带来新问题。在年轻人的思想观念和行为的"耳濡目染"下，部分农村中老年人遭受到了冲击，导致他们的理想信念发生了"异化"，这种变化无声无息地发生着。

三、社会各方面支持思想政治工作的氛围不够

农村思想政治工作是一项涉及多个方面的综合性工程。要使农村思想政治工作取得实际成效，不仅需要调动农村内部的资源，还需要得到社会各界的大力支持。在当前形势下，必须加强领导，完善机制，创新方法，使农村思想政治工作真正成为促进农业和农村经济发展、维护社会稳定、提高农民素质和生活质量的有力武器。除了充分发挥宣传思想战线专职队伍的作用，我们还需要将各项工作与农村思想政治工作紧密结合，形成协同发展的整体。只有这样，才能真正实现农村思想政治工作在新时代的创新和发展。同时，农村思想政治工作的理论研究也应该

得到不断加强和深化。当前,随着改革和经济发展的不断深入,人们对新时代做好农民群众工作有了更高的认识,对加强农村思想政治工作提出了许多建设性意见。综合考虑,必须汇聚各方力量,共同营造一种浓郁的氛围。然而,农村思想政治工作所受到的社会各界的支持和关注程度仍有待提高。

(一) 社会各方面支持农村思想政治工作的力度不够

自党的十八大以来,为填补"三农"领域的短板,中央号召工业反哺农业、城市支持农村,并采取了一系列多予少取放活的重大措施,极大地促进了农业发展和农村繁荣,同时也提高了农民的收入水平,但对于支持农村思想政治工作的软性投入却相对缺乏。在这种情况下,如何发挥好基层党组织的作用,做好新时代的思想政治工作就成为我们需要解决的重要命题。

由于文化产业的滞后发展,尽管各类文体场所和设施已陆续落成,但乡村题材的文化作品仍然稀缺;尽管农村思想政治工作得到了广泛的社会组织和个人的支持和参与,但他们多数只是完成特定任务,短暂停留后即刻离场,因此所能产生的思想政治工作效果微不足道。除此之外,农村基层党组织对新时代如何做好思想政治工作重视程度不高,主要表现为思想认识不到位、能力素质有待提升、宣传发动不力。尽管有驻村帮扶队伍,但由于农民居住分散且以单个家庭生产经营为主,驻村帮扶队伍的人数力量明显不足,总体覆盖率较低,因此思想政治工作的影响面相对较小。另外,部分驻村干部自身素质不高也影响其对新时代开展农村思想政治工作重要性认识程度。在农村内部,党委领导、党政齐抓共管以及各部门分工协作的大政工格局尚未形成,农村各项工作与思想政治工作同向同行的合力机制也尚未完善。

(二)农村思想政治工作理论研究热度低、成果少

理论研究成果对实践具有至关重要的指导作用,推进思想政治工作理论研究的不断深入,是提升思想政治工作实践效果的必由之路。目前国内关于农村思想政治工作问题的相关文献主要集中于哲学社会科学领域,其中包括历史学、管理学等学科领域。对于"三农"方面的研究,科学技术、经济学、政治学和社会学等学科占据了主导地位,而在乡野调查的研究队伍中,社会学研究团队占据了主导地位,思想政治工作方面的研究则相对匮乏。从同时期社会发展水平对比看,我国思想政治工作理论研究成果明显落后于其他国家。在学科内部的比较中,高校思想政治工作的研究占据了主导地位,农村思想政治工作的研究则相对较为稀缺。从整体上来看,国内关于农村思想政治工作研究还处于起步阶段,研究成果十分稀少。通过对"新时代农村""农村思想政治教育""农村思想政治教育工作"以及"农村思想政治工作现状"等词条的搜索,相关的学术论文数量寥寥无几。另外,关于农村思想政治工作领域的学术专著更是微乎其微,这足以说明农村思想政治工作研究理论热度低、成果产出少的现状。

第四章 加强新时代农村思想政治工作的认知策略

学习理论，进行实践，开展批评和自我批评，是个人成长的根本途径，也是我们党开展农村思想政治工作的方法。在新时代，推动社会主义现代化强国建设，必须提高对农村思想政治工作重要性的认识，明确农村思想政治工作的目标。在遵循农村思想政治工作基本原则的基础上，坚持思想政治教育理论、实践、制度创新有机统一，从而推动农村思想政治工作方法创新。

第一节 提高对加强农村思想政治工作重要性的认识

加强农村思想政治工作对于推动农村经济社会全面发展、维护农村社会稳定、促进乡村振兴战略的实施具有深远的影响。我们必须从理论与实践结合的高度，不断提升农村思想政治工作的质量和水平，努力营造良好的农村思想文化环境。当前，农村思想政治工作面临的挑战包括：普通群众对思想政治工作的认知度不高、满意度需提高、预测度存在偏差和不合理性。同时，随着城乡一体化进程的加快和信息技术的普及，农民的思想观念和生活方式发生巨大变化，这对农村思想政治工作提出了新的要求。

加强农村地区基层干部及相关管理人员对农民政治思想理念和道德行为规范的全面认知，以提高人们的思想政治水平为核心的科学指导工作，对于现代化农村建设和乡村振兴发展具有至关重要的推动作用。新时代现代化农村建设必须坚持将思想政治工作作为农村建设工作的重要任务，明确农村思想政治工作的重要地位和作用，保障现代化农村建设能够朝着正确的方向发展。本书认为，要想推动社会主义新农村建设事业顺利展开就必须高度重视思想政治教育这一基础性工作，并积极做好具体落实，不断提升思想政治工作实效性，从而为农村经济建设提供强大精神动力。不断提升农村基层党员和村镇干部的思想政治素养，使他们能够根据当地实际情况采用科学合理的农村思想政治工作方法，有效融入各项社会主义农村建设工作的实践中，掌握更多行之有效的乡村振兴工作规律和发展技巧，推动社会主义农村建设工作长期、稳定发展。

一、加强农村思想政治工作的重要性

农村思想政治教育是党和政府在农村开展经济和政治工作的生命线，是新时代实施乡村振兴战略的强大精神支撑。在我国现代化进程中思想政治教育对建设社会主义新农村有着十分重要的意义。

（一）加强农村思想政治教育有利于为农村建设提供思想保障

古往今来，人才都是富国之本、兴邦大计。思想政治教育工作是党在农村工作的生命线，是实现乡村振兴的政治保障、精神动力、治理保证。要深刻认识到农村思想政治教育并非一朝一夕之功，只有着眼长远，站在民族复兴的战略高度前瞻性谋划，才能确保培养出的人才是国家所需要的人才，做好新时代农村思想政治工作，就要把握新时代农民思想状况特点，建构新时代农村思想政治工作体系，将开展思想政治教育、弘扬优良传统，同尊重公序良俗、启发农民觉悟结合起来，多措并举开创农村思想政治工作新局面。乡村振兴战略的实施离不开党和政府经济和政治工作的有力支撑,而农村思想政治教育则是这一支撑力量的重要组成部分。当前,农村社会正处于转型期,随着国家经济实力的不断增强以及科学技术的不断进步,农村地区也开始逐渐步入了工业化时代,这就要求基层工作人员必须要高度重视并切实做好农村基层的思想政治工作。在我国现代化进程中,建设社会主义新农村是一项至关重要的长期历史使命,尤其是在思想政治教育方面,对于实现这一目标具有至关重要的作用。

1. 实施思想政治教育可以极大地调动广大农民群众参与政治的积极性

农民群众的政治参与热情是政治文明进步的象征,它能够从根本上激发广大农民群众对于国家有关农村、农民政策的关注,让农民在基层民主政治中真正发挥主体作用,从而建立起村民与干部之间的桥梁,有效推动农村文化的繁荣和发展。实施思想政治教育引领,依靠村民自治,能够挖掘人们更广泛、更深层次的潜能,引导农民形成群体意识。因此,加强对广大农民群众的思想道德教育,提高他们的思想觉悟、道德素质、文化素质,促进其全面健康发展,从而促进农村先进文化建设的进程。新时代以来,党关于"三农"工作的理论创新不断推进,农村主流思想舆论不断壮大,农村社会的团结统一更加巩固。只有在精神上得到满足的农民,才能更好地融入现代化的发展进程,为农村社会主义市场经济的发展注入强大的动力。

2. 促进农村社会的和谐发展离不开加强农村思想政治教育

随着改革开放的推进,我国农村体制改革不断深化,然而随之而来的农村社会保障、贫富差距等问题,使得农村不同阶层、群体和社会成员之间的利益关系变得越来越错综复杂,实现统筹兼顾变得越来越具有挑战性。当前,我国农村思想政治工作呈现出许多新特点。一方面,随着城乡一体化进程的加快,信息化技术的普及以及农民观念的更新,农村居民的思想观念和生活方式发生了巨大变化。另一方面,农村社会结构的调整和农业生产方式的转型也给农村思想政治工作带来了新的挑战。传统的思想政治工作方式和手段难以适应当前形势下的需求，亟须创新，以适应新时代的发展需求，农村基层组织的发展不平衡、不完善也是当前农村思想政治工作面临的现实问题之一。信息时代的农村居民获取信息的途径更为多元化和便捷化，这也给农村思想政治工作带来了新的挑战。传统的宣传手段和渠道已经不能满足当代农村居民获取信息的需求，需要更加灵活和多样化的宣传方式和渠道。加强对农村群众的思想政治教育，有助于引导他们正确看待农村社会所面临的各种问题，引导他们正确处理各种利益关系，化解各种矛盾，维护农村社会的稳定，促进社会主义新农村建设。农村思想政治工作是维护社会稳定的重要保障，农村是社会稳定的基石，而稳定正是经济发展的前提和基础。通过加强农村思想政治工作，可以有效遏制各种不良风气和意识形态对农村社会的侵蚀，维护农村社会的安定和和谐，促进农村经济的可持续发展。通过引导农民树立正确的世界观、人生观和价值观，激发其创业创新活力，提高他们的社会责任感和道德水平，从而有利于推动农村经济的发展和提高农民的生活水平。

（二）加强农村思想政治教育有利于培育新型农民

农村思想政治教育能提升乡村社会文明程度，改善农民精神风貌，培育新型农民。在社会主义新农村建设中，新型农民的培养备受瞩目，农民是社会主义新农村建设的关键所在，农村思想政治教育是推动农村发展的重要手段。通过教育，可以引导农民树立正确的世界观、人生观、价值观，增强他们的社会责任感和创新精神，提高农民的整体思想素质。提高乡村社会文明程度是乡村振兴的迫切任务。党的十八大以来，农村精神文明建设深入推进，乡村文明程度显著改善，但仍有一些问题亟待解决。如婚丧嫁娶大操大办、人情消费攀比、对待老人薄养厚葬等不文明现象；部分农村留守儿童、老年人、妇女背负着沉重的思想负担，存在不同程度的焦虑情绪、孤独感与不安全感；青年农民与其父辈之间因信息、技术、知识掌握程度的失衡，产生了较为严重的代际价值冲突；回乡、返乡农民不同程度存在城乡生活方式、文化认同、思维方式的断层，影响了农民思想稳定与人际关系和谐。这些农村现代化进程中产生的社会问题，仅靠传统的乡规民约等自治性规范难以很好地解决。以农村思想政治教育工作为切入口，加强农村思想文化阵地建设，广泛开展文明乡风教育，强化社会主义核心价值观的支撑与引领，大力弘扬农村优秀传统文化，推动形成文明乡风、良好家风、淳朴民风，澄清农民的价值困惑，疏导农民心理障碍，提升农民的思想道德水平，培育积极向上的乡村风气，能够塑造心态阳光的新时代农民。在农村思想政治教育工作中，必须致力于培养和塑造符合社会主义要求的新型农民，从这个意义来说，思想政治教育与新型农民有着密不可分的联系，二者都是促进农村经济发展的重要保障。在当前社会背景下，农村思想政治教育工作应当充分发挥其基础作用。第一，通过党的方针政策和历史事实情况，以先进的科学文化教育理念和思想道德教育理念为指导，培养和造就社会主义新型农民，提升其思想道德素质和文化水平，从而为建设新农村提供强有力的精神动力。第二，通过农村思想政治教育工作，有效地巩固农民的社会主义意识，引导广大农民正确处理个人与集体、国家的利益关系，从而提高他们的思想觉悟和社会责任感。第三，着重培养农民对法律的认知和对科学的信仰，提高农民自觉明辨是非的能力。

（三）改进和创新农村思想政治教育工作是中国共产党的先进性表现

中国共产党自成立以来，一直将解决农村、农业和农民问题视为中国革命和建设的首要任务，并根据不同历史时期的任务，通过制定和实施行之有效的农村政策，将党的思想政治工作深入农民的内心深处，赢得了广大农民的真诚支持，从而取得了新民主主义革命、社会主义革命和社会主义建设的伟大胜利。党领导人民群众进行革命和建设的实践活动，归根结底就是要解决"三农"问题。党在各个发展阶段对农村的思想政治教育也积累了丰富经验。回溯历史长河,探寻党在乡村进行思想政治教育的足迹,对于当前在乡村展开思想政治教育具有极为重要的启示意义。

1. 改革开放前农村进行思想政治教育的概况

大革命时期,党充分考虑人民的利益和国家的利益,对人民进行思想教育改革,以解决人民最为关切的土地问题。1922年,中国共产党第二次全国代表大会首次提出了协助农民解决土地问题的倡议。1927年,毛泽东在《湖南农民运动考察报告》中写道:农民问题实质上是一个贫农问题,贫农问题实质上是一个土地问题,解决农民的土地问题是要立刻实行的问题。

在井冈山斗争的漫长历程中,共产党人深刻认识到思想政治教育工作在农村的至关重要性,这一认识在后续的实践中得到了充分的体现。在这期间,中国共产党为了解决广大农民群众的实际需求,颁布了一系列文件来加强党的农村思想政治教育工作,其中关于农业生产方面的政策是最为重要的内容之一。在党的领导下,广大人民群众在革命斗争实践中不断总结出适合于自己实际情况的思想政治教育经验。在井冈山斗争的过程中,毛泽东同志对赣南进行了全面的调查,分析了当地各个阶层之间的利益斗争,即土地分配问题,并初步制定了一条符合现实情况的土地革命路线,即依靠贫雇农、联合中农、限制富农、保护中小工商业者、消灭地主阶级,实现从封建半封建土地所有制向农民土地所有制的转型。这是关于农村党员思想建设的重要措施,这一决策是基于当时的社会环境和基本国情而制定的纲领性政策,其正确性在历史上得到了充分证明。

抗日战争时期,中国共产党为了解决广大农民群众的实际需求,颁布了一系列相关政策来加强农村的思想政治教育工作。在全面抗战路线的制定过程中,社会各阶级需要更加紧密地团结在一起,共同应对外部挑战,单靠无产阶级的力量是无法在这场战争中获胜的。因此,中国共产党在解放区实行了减租减息政策,有效地保障了一部分资产阶级的利益,赢得了他们的支持,增强了全面抗日的力量,为最终获得全面抗日的胜利奠定了重要基础。1942年1月,中央发布了《关于抗日根据地土地政策的决定》,其中确立了土地政策的基本原则:承认农民在抗日和生产中扮演着至关重要的角色,采取必要措施支持农民,实施减租减息政策,以改善农民的生活状况;对地主、富农实行经济制裁;认可大多数"业主"的诉求,减少而非废除封建地主阶级的剥削,以促进团结抗日的目标。

在解放战争期间,党对农村土地政策进行了调整,提出了彻底推翻资产阶级、封建阶级等腐朽文化的要求,从而增强了人民推翻封建势力和资本主义的信心和勇气,解决了土地问题。中国共产党在进行保卫和平的同时,力争在发展的革命实践中教育农民,农民在解放战争环境下最关心的问题依旧是土地问题,要想组织动员农民,继续聚集农民阶级的力量来争取革命斗争,必须在土地改革的过程中完善党的土地政策,组织农民开展土地革命斗争,从而提高农民的革命热情,加强农民的思想聚集力。此外,坚持"以民教民"的原则,在教育农民阶层识字教书的过程中积极培养农村的村民骨干,并对农民阶层重点进行政治教育,提高农民的思想道德意识和对大局时政的认识,根据农民的实际情况和文化程度,灵活使用通俗易懂的教学方式。

在新中国成立之初,党领导人民进行了一系列革命运动,其中对农村妇女的教育尤为重要。首先,在土地改革运动的推动下,党派遣了工作组深入农村,广泛宣传《中华人民共和国土地改革法》,这一举措极大地提升了农民的阶级意识;组织干部到农村调查研究,帮助农村政策制定者掌握正确的土地分配原则。其次,在农村地区广泛推广思想政治教育和文化教育,废除反动课程,大力兴办现代学校,加强思想政治教育;结合农业合作化运动开展文化知识传播活动;在农村积极推广和贯彻《婚姻法》,将思想政治教育与农村建设有机融合,取得了显著的成效。同时,积极组织发动农民群众参加各项生产劳动活动,以促进农业生产发展,增加农民收入。社会主义思想教育在过渡时期的"总路线"和"三大改造"的引领下展开,为全面推进社会主义建设奠定了坚实的思想基石。

2. 改革开放以来农村思想政治教育工作概况

自改革开放以来,农村的思想政治教育不断拓展创新,大大激发了广大农民参与生产、勤劳致富的热情,从而推动了农村事业的不断繁荣。1982年的全国农村思想政治工作会议指出,党在农村的思想政治工作,是农村社会主义精神文明建设的中心环节,是坚持和改善党在农村的领导的重要组成部分。精神文明建设的指导思想、目标任务、方针原则,需要思想政治教育工作去宣传解释。精神文明建设的理论为农村思想政治教育工作提供理论指导,为农村经济的发展提供强大的精神动力、思想保证。1984年中央一号文件强调,必须更加注重加强农村思想政治教育,绝不能有任何放松的迹象。在农村地区,存在着封建迷信、赌博、盗窃等不良文化现象,同时也存在着淫秽书籍和不健康娱乐活动场所,这些问题迫使党中央必须采取切实有效的措施进行整改。因此,加强农村思想政治工作,提高农民素质和道德水准,增强社会主义新时代的凝聚力显得尤为重要。

邓小平十分重视思想政治工作,并一直坚信"无论过去、现在和未来,这都是我们的真正优势"①。他很重视对农民的思想政治教育问题,他认为,对农民开展思想政治工作十分艰难。他肯定了在农村开展思想政治工作所取得的阶段性成绩,在《中共中央关于加强农村思想政治工作的通知》中指出要用几年的时间,让农民的生活水平提高,通过自己的双手去奋斗,做到"三兼顾",去改变整个社会的道德风尚。他提出一定要贯彻落实我国农村的思想政治工作的各项方针政策,使农民思想得到转变,破除封建迷信、愚昧落后的观念。

江泽民在加强中国共产党自身建设的重要时刻,深刻指出:只有党始终代表中国先进社会生产力的发展要求、中国先进文化的前进方向、中国

---

① 《毛泽东选集》第3卷,北京:人民出版社1991年版,第1094页。

最广大人民的根本利益，才能够赢得全国各民族的尊重和拥护，才能不断取得新的辉煌成就。"三个代表"重要思想为建设有中国特色的社会主义指明了方向，也为我们党在新时代开展农民思想政治教育工作提供了理论依据和教育素材。加强农村精神文明建设是贯彻江泽民同志提出的"三个代表"重要思想的重要举措之一，我们必须强化领导作用，完善相关机制，把农村基层组织和广大农民群众紧密地结合起来，充分发挥他们在社会主义精神文明建设中的作用。

胡锦涛提出的科学发展观突出强调以人为本，为农民思想政治教育树立科学的理念提供了基本的遵循。思想政治教育只有以人为本，真正做到关心人、理解人、尊重人，才能得到教育对象的接受和认同。他强调农民思想政治教育要带着感情去做，凡是涉及群众的切身利益和实际困难的事情，再小也要竭尽全力去办。胡锦涛提出在农村进行思想政治工作，必须紧紧抓住社会主义新农村的建设这个主题，向广大农民宣传国家发展的道路是什么、发展的成果谁可以共享，通过加强对农民发展观念的教育，用发展的思想武装农民的头脑，指导农民的行动，使其全身心投入社会主义新农村的建设中，实现农村和自身的全面发展。

在党的十八大之后，我国在经济、文化、社会等方面都面临着新的挑战。特别是对农村的发展也做出新的要求，党中央对新时代农民思想政治教育工作要有效发挥其应有的作用，必须适应新发展格局，把思想政治教育和农民的全面发展有机地结合起来，才能赢得广大农民对其的信赖与支持。习近平在党的十九大报告中将"构建完善城乡融合发展的体制机制与政策体系，促进农业农村现代化"作为一项重要内容，将"乡村振兴"作为新时代"三农"工作的指导方针，为新时代农民思想政治工作提供了总体方针和策略。

在当前继续深入进行改革开放的时代大背景下，继续加强农村思想政治教育依然是党在农村的一项重要使命，必须坚定不移地推进。

3. 新时代农村思想政治工作

习近平总书记在中央农村工作会议上指出，全面建设社会主义现代化国家，实现中华民族伟大复兴，最艰巨最繁重的任务依然在农村，最广泛最深厚的基础依然在农村。新时代，面对新形势、新任务、新挑战，需要把农村思想政治工作继续做实做强，夯实"三农"工作和意识形态工作基础。

新时代农村思想政治工作的第一个特点是以习近平新时代中国特色社会主义思想为统领，不断强化教育引导，在推动理论武装走深走实走心上下功夫。把坚持以马克思主义为指导全面落实到农村各项工作中，坚持好运用好马克思主义在意识形态领域指导地位的根本制度，强化主流意识形态宣传教育，在多元中立主导，在纷繁复杂中高举旗帜。始终运用好党的最新理论教育人民这一工作体系，用习近平新时代中国特色社会主义思想统领农村思想政治工作，深化中国特色社会主义和中国梦的宣传教育，加强社会主义核心价值观教育，深化爱国主义、集体主义、社会主义、中国精神、理想信念教育，党的路线方针政策教育，思想道德和民主法治教育，引导农民正确处理国家、集体、个人三者之间的利益关系，培养有理想、有道德、有文化、有纪律的新型农民。三是要细化分类。紧密结合农民群众思想和生产生活实际，注重方式方法，找准焦点，引导农民听党话、感党恩、跟党走，把农民群众紧紧团结在党的周围，筑牢党在农村的执政基础。

新时代农村思想政治工作的第二个特点是以新时代文明实践中心建设为载体，不断强化实践养成，把学习实践科学理论、宣传宣讲方针政策、培育践行主流价值、丰富精神文化生活、倡导文明生活方式等农村思想政治各方面内容设计为服务项目，以项目化的形式为广大群众提供优质的思想政治教育服务，使之规范化、常态化。在具体的农民思想政治教育实施过程中，注重不同工作内容的相互融合嵌入，最终体现在深入学习践行习近平新时代中国特色社会主义思想这个主题上，落实到培育时代新人、弘扬时代新风上。

新时代农村思想政治工作的第三个特点是以健全"三治"相结合的乡村治理体系为切入，不断强化制度保障，在推动机制常抓常态长效上下功夫。健全自治、法治、德治相结合的乡村治理体系是新时代农村的一项基础工作。农村思想政治工作融入了"三治"中，在治理中融入思想政治教育，使自律与他律、内在约束与外在约束有机结合，形成扶正祛邪、扬善惩恶的良好社会环境，让思想政治工作常态化、长效化。具体来说，一是不断加强乡村自治建设，通过建立村规民约、居民公约、村民理事会等形式，健全完善乡村民主管理、民主监督等制度；二是持续推进乡村法治建设，加大对农村基层干部和农民群众的普法宣传力度，引导和支持农民群众采取法律手段、利用合法途径表达诉求，依法维护自身权益；三是创新推进德治建设，以社会主义核心价值观为引领，注重发挥家庭家教家风的教育功能，广泛开展道德模范、好媳妇、好儿女、好公婆、新乡贤等选树宣传活动，充分发挥榜样示范带动作用，不断深化农村精神文明创建活动，开展移风易俗、弘扬时代新风行动。

新时代农村思想政治工作的第四个特点是以加强农村基层党组织建设为基础，不断强化战斗堡垒，在推动党员干部善作善为善成上下功夫。发挥农村基层党组织"宣传党的主张、贯彻党的决定、领导基层治理、团结动员群众、推动改革发展"坚强战斗堡垒作用，把加强和改进农村思想政治工作融入党建之中。一是明确农村基层党组织抓思政工作的职责，探索在农村党组织中建立思想政治工作目标管理责任制，把农村思想政治工作落实到相关责任人头上。二是以提升组织力为重点，在增强基层党组织与农村群众之间的黏性上做文章，把思想政治工作与转变干部作风结合起来，坚持解决具体问题与解决思想问题相结合的原则，把思想政治工作融入到解决村民的"急难愁盼"之事上。三是积极拓宽农村思想政治工作的格局，打造专兼结合的农村思想政治工作队伍，充分发挥村民理事会、道德评议会、红白理事会等群众自治组织的作用，大力培育服务性、公益性、互助性农村社会组织，积极发展农村社会工作和志愿服务；紧紧抓住国家正在实施的大学生村官计划和农村"三支一扶"计划等机遇，特别是发挥当前脱贫攻坚驻村工作队这支生力军的作用，利用和发挥好这些外来智力，给思想政治工作输入新鲜血液；积极从返乡创业青年、专业大户、合作社社长、复员军人中加强培养、选树标杆，激发他们投身美丽乡村建设的积极性、主动性和创造性。

新时代农村思想政治工作的第五个特点是在改善民生上下功夫，增强农村思想政治工作价值感。民生是最大的政治。改善民生，是农村思想政治工作的出发点，新时代的农村思想政治教育工作探索如何克服农村思想政治工作与经济工作"两张皮"现象，将思想政治工作贯穿于农村经济社会发展和民生改善的全过程。从群众最关心最直接最现实的利益问题抓起，及时回应群众关切的热点难点问题，疏通群众内心"堵点""痛点"，多为群众办舒心暖心之事。尤其在深化农村土地制度改革、农民房屋财产权、巩固完善农村基本经营制度、创新现代农业经营体系、完善农业产业政策支撑体系、推进乡村治理等方面，找准切入点，精准发力、担当作为。深入推进农村精神文明建设，实施好文化惠民工程，提高农村图书室、健身广场等公共文化服务设施的有效供给，因地因村做好历史文化资源的综合开发，发展壮大乡村特色文化产业，确保"文化口粮"的有效供给。

新时代农村思想政治工作的第六个特点是在守正创新上下功夫，增强农村思想政治工作的时代感。解决农村思想政治工作虚化、弱化，实效性差的问题，必须坚持守正创新。既始终如一坚持加强社会主义精神文明建设，加强农村思想道德建设，弘扬和践行社会主义核心价值观，又改革创新工作方式，规避说教、"上政治课""讲大道理"，多以群众身边的典型人物、事例实现群众自我省思、教育，润物无声，引领群众自我教育。尤其要强化互联网思维，善于运用互联网平台，在网络空间建立好、巩固好宣传阵地，让习近平新时代中国特色社会主义思想通过各种群众能够接受、认可和喜爱的方式方法，搭乘"网络快车"走进寻常百姓家。

新时代农村思想政治工作的第七个特点是在队伍建设上下功夫，增强农村思想政治工作存在感。农村思想政治工作成效好不好，关键在队伍。推动新时代农村思想政治工作"实起来""强起来"，必须打造一支政治过硬、本领高强、求实创新的宣传思想工作队伍。围绕农村思想政治工作谁来做的问题，构建乡镇党委宣传部门统一谋划领导、农村党支部为核心、党员团员为骨干力量、"五老"群体为补充、老年协会等各类群众组织为桥梁的多位一体的组织领导体系和干部队伍。围绕农村思想政治工作做得好不好的问题，强弱项、补短板，提高农村思想政治工作者的政治能力、调查研究能力、政策解读和宣讲能力，打通政策惠民最后一公里。

新时代农村思想政治工作的第八个特点是在体制机制上下功夫，增强农村思想政治工作制度感。铁的制度是新时代农村思想政治工作做实做强的根本保障，要适应农村思想政治工作需要，构建系统完备、科学规范、运行有效的制度体系。一方面，要构建群众需求反馈机制，即群众反对什么、赞成什么，缺什么、需要什么等能够及时反馈至有关部门，为研判形势、制定举措、出台政策提供一线资料。另一方面，健全完善监督考核激励机制，力求事前事中事后全过程有效监督，有奖有罚，赏罚分明，对部分责任意识不强、能力欠缺、工作主动性差的同志要及时警示、岗位调整，对责任意识强、工作能力强、群众认可、实绩突出的党员干部要及时给予物质和精神层面的褒奖，并在职称评定、津补贴及干部选拔任用等问题上，适当予以倾斜，进而树立明确的用人干事导向，激发党员干部把农村思想政治工作做实做强的内生动力。要强化制度权威，提高制度执行力，使制度成为农村思想政治工作"实起来""强起来"的有力保障。

新时代农村思想政治工作的第九个特点是坚守以先进文化为引领，占据农村思想文化的制高点。在江泽民同志提出的"三个代表"重要思想中，一个至关重要的方面是"引领中国先进文化的前进方向"，这是党的先进性的核心所在。以先进的文化为引领，通过潜移默化的方式塑造农民的思想，进行爱国主义教育，社会主义核心价值观教育，并在党的惠农政策的实施过程中，强调中国共产党、社会主义和伟大祖国的优秀品质；在推进社会主义农村建设的过程中，弘扬勤劳、合作的优良传统，积极开展科技、文化、文艺下乡活动，力争通过引进先进的文化元素，占领农村文化的制高点。

二、农村建设视角下农村思想政治教育的现实意义

从人口分布结构的角度来看，要提升一个国家的综合国力，必须考虑城乡建设的一体化发展，实现各方面的协调发展。在这样的大背景下，我们应该将城乡统筹发展作为新时代社会主义现代化进程中的重大战略任务来抓。农村建设是一项漫长而复杂的进程，需要各方共同努力、协调发展、统一思想、协调步调，唯此方能稳健推进。在新时代，我们应加强对农民群众的思想政治教育工作，使之与我国经济、文化等各项事业相融合，促进社会主义现代化建设事业的快速健康发展。

（一）推动农村经济发展

从认识论的视角来看，认知对于事物的进展具有能动作用，正确的认知能够积极地促进事物的发展。马克思列宁主义、毛泽东思想和习近平新时代中国特色社会主义思想是思想政治教育的核心指导思想，它们不仅是传播意识形态的有效手段，更是引领思想政治教育的重要基石。而思想政治教育学作为一门学科，其研究对象应该是人类社会存在和运动过程中产生的各种思想现象及其规律。思想政治教育学的世界观和方法论引导人类实践活动，从而直接提升人们的思想道德素养和科学文化素养，增强对世界的认识和改造能力，充分激发人的积极性、主动性和创造性。在农村开展思想政治教育实践活动，有助于改变人们根深蒂固的社会意识形态，从

而塑造整个农村社会的正确价值取向，激发人们的自我意识和竞争意识，引导人们树立效益和时间观念，推动农村经济的全面发展和进步。

思想政治教育在推动生产力发展、为社会主义经济建设注入精神动力方面具有不可替代的作用。农村经济的蓬勃发展离不开广大农民的积极参与，单纯依靠蛮力建设农村经济是不够的，必须借助思想政治教育这股强大的精神力量，使之在思想、行动和技术等方面为农民提供正能量和科学指导，从而激发农民的积极性和参与热情，激励劳动者不断创新技术，熟练地运用和操作新技术，增强他们的自我价值意识，培养广大农民群众的社会责任感，提高劳动效率和经营理念，从而使农业生产焕发出更多的活力，农民物质精神生活更加富裕，农村经济更加蓬勃发展。

（二）保障政治民主促进社会和谐

新时代加强党对思想政治工作的领导，必须把思想政治教育作为一项战略措施来抓。中国共产党第二十次全国代表大会强调，必须坚定不移地走中国特色社会主义政治发展之路，坚持党的领导、人民当家作主、依法治国有机统一，坚持人民主体地位，激发人民群众的积极性、主动性、创造性，巩固和发展生动活泼、安定团结的政治局面。这就要求我们必须把农村基层组织作为党联系群众、服务群众、凝聚人心、推动工作的桥梁纽带，切实推进农村民主政治建设。中国作为一个农业大国，农村人口基数巨大，唯有广大基层民众实现民主，方能实现真正意义上的民主，从而为整个社会的和谐发展奠定坚实基础。

改革开放以来，随着经济的高速增长，人们生活水平得到显著提高，但也出现了不少新情况、新问题，其中之一就是农村地区的民主程度不高，对农民的民主权利缺乏应有的保障。在中国的历史长河中，党的十一届三中全会扮演着至关重要的角色，为中国走向民主之路开启了大门。然而，由于多种因素的制约和影响，我国的民主建设制度尚未完善，存在一些问题亟待解决。民主政治和社会和谐的实现，需要加强思想政治教育的推广和普及。思想政治教育作为一项系统工程，是实现和谐社会目标不可或缺的重要组成部分，也是构建社会主义和谐社会必不可少的条件。思想政治教育工作在推动社会和谐方面扮演着不可或缺的角色，其所蕴含的能量和作用不可替代。这主要体现在以下几个方面：

第一，思想政治教育在缓解社会矛盾方面扮演着至关重要的角色。思想政治教育作为一种特殊的意识形态，它不仅能对人进行思想品德培养，而且可以影响人们的思维方式、价值观念、道德规范等。通过对社会各政治团体进行思想政治教育，以达到调和矛盾、推动政治文明发展、最终实现政治和谐的目的。通过思想政治教育，农民能够更好地理解国家的政策法规，学会通过合法途径维护自己的权益，构建村民自治组织，农民可以直接参与到村庄的决策和管理中，实现民主管理和监督。

第二，党管农村工作是我党的传统，也是我们的优势，思想政治教育以党建为引导，抓好农村基层组织建设，以党建引领带动为农民群众办实事，解决难题，构建和谐的农村社会关系，通过教育引导农民树立合作共赢的观念，减少社会矛盾，增进邻里间的理解和信任，为农村的长期稳定打下坚实基础。习近平总书记反复强调，基础不牢，地动山摇；农村工作千头万绪，抓好农村基层组织建设是关键。目前，全国有128万农村基层党组织，这是党在农村全部工作和战斗力的基础，充分利用好、发挥好党员在农村思想政治教育中的先锋模范作用，大力开展党员联系群众活动，组织群众发展乡村产业，动员群众参与乡村治理，教育引导群众革除陈规陋习。了解群众思想状况，帮助群众解决实际困难，加强对贫困人口的关爱服务，密切党员与群众的联系，引导农民群众自觉听党话、感党恩、跟党走，提升农民的政治意识和法治观念，增强农民的民主参与能力，从而促进农村社会的稳定和谐。

第三，思想政治教育在构建共建共治共享的社会治理格局中具有着优势。新时代的共治共享在于构建自治法治德治相结合的乡村治理体系，这是中国在社区治理方面的一种创新实践。起源于浙江省杭州市下城区的

"枫桥经验"就是典型的以思想引导,通过建立以人民调解为基础的多元化纠纷解决机制,构建"枫桥街道",实现了社区矛盾的有效化解和社会秩序的和谐稳定的例子。枫桥经验的核心在于充分发挥社区居民自治组织的作用,依托德治和法治手段,通过教育,强调道德建设,倡导诚实守信、尊老爱幼等传统美德,关注农民的心理健康,通过提供心理咨询和辅导服务,帮助农民缓解压力,解决心理问题,促进社会公德的形成和发展。提升农民的道德素质的同时,实现了居民自我管理、自我服务、自我教育、自我监督,形成共建共治共享的社会治理格局。

(三)保障农村文化事业建设

社会主义农村建设的范畴涵盖了物质文明、政治文明和精神文明三个方面的建设,其中精神文明建设是不可或缺的。思想政治教育作为一项系统工程,是实现和谐社会目标不可或缺的重要组成部分,也是构建社会主义和谐社会必不可少的条件。此外,农村建设的全面推进离不开精神文明这一重要支柱的支撑,农村建设需要精神文明作保证,为农村建设注入精神动力和智力支持。在农村建设"乡风文明"的过程中,必须不断提升精神文明建设的水平,以达到更高层次的发展目标。只有这样才能使农村物质文明建设得到进一步发展,从而促进农村整体经济、政治面貌的根本好转。农村先进文化思想的进步与传播,是实现社会主义精神文明建设的主要推动力,思想政治工作作为上层建筑的一部分,其本身就是一种促进人的全面发展的有效手段。如果农村思想政治教育能够与特定的文化理念、思想、知识、风俗、习惯等因素相协调,那么它就能够推动社会文化事业的发展和繁荣,反之则会起到阻碍作用。

思想政治教育是一种有目的、有计划、有组织的社会实践活动,通过运用特定的思想观念和道德规范,对社会或社会团体的成员施加影响,以形成符合特定社会阶段或阶级需求的思想品德。这里所探讨的思想观和道德观,实则是一种独特的政治文化形式。思想政治教育的基本任务在于通过各种途径将特定的政治价值灌输给受教育者并使之成为自觉行动，其终极目标在于实现个体的政治化和道德化。同时，它也是一种传递文化的有效手段。思想政治教育作为一个系统，由教育者与受教育者两部分组成，在进行思想政治教育的过程中，每个人都会逐渐形成一系列关于政治思想、社会价值观以及政治素养等方面的认知。这些意识对人们产生了潜移默化的影响，使其自觉或不自觉地受到特定社会规范的约束和制约。

在当今社会，除了积极推广社会主义和集体主义意识形态的主流文化，还存在着许多非主流的亚文化现象，这些亚文化现象中存在着一些不健康的因素。因此，要想有效地解决当前我国出现的多种亚文化现象，必须从理论上分析产生这些现象的原因，并对如何正确引导亚文化提出相应的对策。在传播社会主流文化的同时，思想政治教育应当积极吸纳各种亚文化中的合理成分，以促进它们之间的相互融合和交流，从而调节社会文化冲突，建立一个良好的文化交融和文化吸收环境，推动主流文化的发展。思想政治教育在参与政治文化的塑造和传播过程中，对政治文化进行整合，并以最适宜的方式传递，从而不断推动文化事业的蓬勃发展。

（四）促进农村生态环境建设

当前农村所面临的生态环境问题，涉及农村、农业和农民这三个层次。在生态环境保护问题上，农民和农业扮演着重要的角色。在我国，农村人口占全国总人口一半以上，农村经济发展水平相对较低，农民环境保护意识薄弱，农村环境污染严重，解决农村环境问题尤为重要。因此，为了改善农村的环境状况，需要从两个方面入手，同时平衡这两个方面的利益和矛盾，以寻求一种综合的解决方案。

1. 加强思想政治教育，引导广大农民和农村干部树立生态文明观念

党的十八大以来，我国开启了社会主义现代化建设新时代，实现了全面脱贫的历史性成就。党的十九届六中全会胜利召开，指明巩固拓展脱贫攻坚成果同乡村振兴的有效衔接，成为下一阶段"三农"工作的重中之重。然而在农村的发展进程中，农民的生态文明观念相对滞后，阻碍了乡村振兴战略的进一步实施。为全面落实乡村振兴战略，实现农村生态环境持续向好发展必须将农民生态文明观的提升工作置于我国农村整体发展格局的重要位置，全面推进农民生态文明观教育的进行。广大农民作为乡村振兴战略衔接的实践主体与价值主体，担负着不可推卸的重要使命。农民生态文明观教育建立在马克思、恩格斯生态自然观的理论基础上，以习近平生态文明思想为指引，通过积极探索教育方法，树立农村生态观念，引导农民的价值观从单一的农业产值追求转向生态价值追求，丰富其农业知识构架，深化其生态种植经营理念。通过思想政治教育和采取必要的措施宣传环境保护知识，引导农民自觉保护环境，能够改善农民只追求农业经济发展而忽视生态保护的思想行为，树立环境友好型社会价值观。

建立良好的生态环境是人类生存的基础，是促进经济社会可持续发展的根本保障。在农村中开展环保宣传教育工作，是促进我国新时代全面可持续发展战略顺利实施的必然要求，也是解决当前我国面临的生态环境问题的根本出路所在。通过对农民进行系统的生态文明观教育，推进农民的生态道德水准提升，激发广大农民的生态治理参与热情，从而为我国生态文明建设和乡村生态振兴整体进程奠定基础，为我国农村的基层治理效能提升做好补充。为了提高农村环境教育的效果，我们需要对具体问题进行深入分析，避免简单粗暴的"一刀切"做法，根据不同的人群进行有针对性的分层教育。

2. 充分协调经济发展与生态保护的关系

创新农村经济增长方式的主要方法之一，就是引导人民将生态理念内化，以控制污染、保护生态环境、实现人与自然的和谐发展为目标，建立良好的生态环境，促进经济社会可持续发展。加强环境保护是发展所需、民生所盼。改革开放以来，我们党领导全国各族人民坚持和发展中国特色社会主义,我国经济快速发展,综合实力大幅提升,已成为世界第二大经济体。但由于以往的经济发展方式较为粗放,生态破坏、环境污染等问题凸显,不仅给发展带来负面影响,而且在一段时间内也成为民生之患、民心之痛。对此,以习近平同志为核心的党中央深入研判经济社会发展规律,顺应人民对喝上干净的水、呼吸新鲜的空气、看到蓝天白云的期盼,对加强生态文明建设、加强环境保护作出一系列安排部署。党的十八大将生态文明建设列入"五位一体"总体布局;党的十九大报告把"坚持人与自然和谐共生"纳入新时代坚持和发展中国特色社会主义的基本方略,提出"加快生态文明体制改革,建设美丽中国";党的十九届四中全会对"坚持和完善生态文明制度体系,促进人与自然和谐共生"作出了进一步安排部署。这为我们更好推动生态文明建设,落实党中央对环境保护的一系列决策部署以及开展一系列相关工作,提供了思想和行动上的遵循。

经济发展和环境保护是辩证统一的关系。经济发展和环境保护的目的是统一的,都是为了满足人民的美好生活需要;两者的内容也是统一的,经济发展与环境保护相辅相成,是可以相互转化的。正如习近平总书记强调的,"绿水青山就是金山银山"。一方面,高质量发展须是绿色、可持续的发展。比如,我们认真贯彻新发展理念,突出转型发展主攻方向,坚持一手抓改造升级传统产业、一手抓培育壮大新兴产业,推进产业结构调整,推进企业深度治理,就能有效减少企业污染排放,促进空气质量改善。另一方面,我们加大环境治理力度,加快生态绿化建设,形成绿色生产方式和生活方式,促使环境质量不断提升,也能为经济发展提供更大空间。

当前,我国农业生产仍普遍采用传统的小农经营模式,这种模式过于分散,难以形成规模效益,也不利于机械化的操作和推广,导致农产品成本高、产量低、价格低。同时,这种模式也对环境造成了严重的破坏,生产量所产生的价值与造成环境破坏所需的成本相差过大,难以实现建设社会主义新农村的目标要求，这种模式必须被淘汰。为了实现农业的可持续发展，必须对农业生产方式进行创新和完善，可以积极推进清洁农业体系的构建，积极推广无公害农产品、绿色生态农业、有机农业系统等，引导农民不断创新生产方式，实现经济效益和生态效益的双赢局面。

3. 提高现阶段农村生态环境管理系统

农村生态环境管理系统的提升是一个系统性工程，需要从政策、技术、教育等多方面入手，综合考虑农村地区的特殊性和实际需求，制定和实施针对性的改进措施。

近年来，我国城乡社会经济得到了全面发展，人们的生活水平也随之得到显著提高。然而，由于目前我国的经济增长模式较为粗放、经济利益的不良驱动以及人们对生态环境价值的忽视等诸多原因，使农村出现了一系列生态环境问题，这些问题集中表现为农村生态资源退化和生态环境的复合型污染，并因此对农村生产和生活带来严重的负面影响，这些已经威胁到了我国广大农村社会经济可持续发展的基础。由此可见，解决农村发展、资源利用与生态环境保护之间的矛盾是广大农村社会经济得以持续发展的迫切需要。已有的研究表明农村的生产活动、农村社会经济的发展与农村生态环境问题的产生紧密相关。因此，系统而精确地把握农村社会经济发展中的生态环境特征，是有效改善、控制与管理农村生态环境问题的客观基础和前提，这对于改善我国农村生态环境质量现状、实现广大农村社会经济和生态环境的协调发展、构建和谐社会，都具有十分重要的理论和现实意义。建立长效生态环境管理系统，加强组织领导，要把生态文明建设纳入国民经济与社会发展总体规划中统筹考虑，明确相关部门职责分工，强化各方面工作协同配合，完善目标考核评价体系；加强环境宣传教育工作，提高公众环境保护意识；在农村开展"三废"治理、垃圾分类收集等活动，促进农业资源综合利用，增加农民收入；鼓励企业加大废弃物处理力度，减少污染物排放，实现废物资源化利用。要通过宣传法律制度，建立健全各项规章制度，强化监督管理，引导人民从意识形态方面引起重视，保障生产生活秩序稳定有序。

第二节　明确农村思想政治工作的目标

农村思想政治工作的目标和任务在于培养、塑造和提升人的素质。当前我国正处在社会主义现代化建设新阶段，城乡差距依然很大，尤其是广大乡村地区发展不平衡问题仍比较突出。对此，习近平总书记提出了培养和造就"两支队伍"的要求。这两支队伍，一支是精通农业、热爱农村、热爱农民的"三农"工作队伍，另一支则是对农业充满热爱、精通技术、善于经营的新型职业农民队伍，这两支队伍建设得好坏直接关系到社会主义新农村的发展进程。在党的十九大报告中，习近平总书记强调，要加强农村基层基础工作，必须着力培养一支具备农业专业知识、对农村充满热爱、对农民充满关爱的"三农"工作队伍，"引导广大农民学文化、读好书、用好书。"习近平总书记还指出，"提高农民，就要提高农民素质，培养造就新型农民队伍。"当前我国正处于经济社会快速转型升级时期，加快转变经济增长方式，建设现代化农业是实现乡村振兴战略的根本保障。要"造就一支适应现代农业发展的高素质职业农民队伍"，要"推进城乡发展一体化，就地培养更多爱农业、懂技术、善经营的新型职业农民"。

一、农村思想政治工作的创新目标

当前，中国特色社会主义进入新时代，为了更好地适应新时代和新发展所带来的变化，促进乡村振兴和现代化农村建设，我们需要不断创新农村思想政治工作方式，致力于在政治观念、文化素养、经济理念和生态发展等多个方面实现显著进步。

第一,确立明确的政治取向。必须以高度的责任感与使命感做好新形势下的农村思想政治工作,不断提高党的执政能力和领导水平,切实解决好广大农民群众关心关注的实际问题。农村思想政治工作的开展,必须建立在人民群众对党和国家的坚定信任以及对中国特色社会主义的政治信仰之上,农村思想政治工作的目标在于加强农村地区居民的思想政治教育,以引导他们树立正确的思想政治观念。同时,强调坚持中国特色社会主义核心价值观,根据中国共产党的基本方针和发展路线,引导农民群众坚定政治信仰,从而增强农村社会凝聚力,带领他们在现代化发展的浪潮中保持清醒,坚定不移地沿着"道路自信、理论自信、制度自信、文化自信"的方向前进。

第二,强化文化建设,提升自身文化修养。农村地区的文明风尚不仅是人民群众精神面貌的整体反映,更是当地思想文化素养和民风民俗的外在体现。因此,树立良好的文明风尚、加强群众文化素养是农村思想政治工作的重要内容和发展目标,同时也是推进乡村振兴发展的关键性任务。提升农村群众的文化素养是传承和弘扬农村传统文化的重要基石,通过加强农村思想政治工作,可以实现文化素养的提升和农村文化的振兴,从而增强农民群众的文化意识和文化自信,使他们对地方特色传统文化产生强烈的情感共鸣和思想认同,进而树立起强大的文化自信心,以抵御时代发展和社会变化对其思想价值观念所带来的冲击。

第三,创新经济理念,加强组织领导。随着新时代的到来,农村经济体系的运行机制和实现形式发生了翻天覆地的变化。因此,农村思想政治工作必须紧跟农村经济的新发展形势,以提高农民收入、促进农业经济发展和提升生活品质为核心目标,深入了解农村群众的真实想法和思虑,引导他们认识到农村经济社会发展的新形势。同时,通过有机结合农村经济发展和思想政治工作,引导农民群众转变经济发展观念和生产建设方式,掌握新时代的经济发展方式,帮助提高农民群众的经济水平,创建稳定的经济基础,为农村思想政治工作的顺利开展和创新发展提供良好的保障。

第四,加强农村地区的生态文明建设。加强农村地区的生态文明建设是推进现代化农村和乡村振兴的重要任务之一。由于农村地区人口众多,自然环境广阔,因此生态文明建设不仅有助于打造宜居的生态环境和优化绿色生活质量,还可以促进农村旅游产业的发展,推动农村经济水平的大力提升和居民经济收入的稳定增长,从而进一步实现社会主义农村建设的目标。

二、农村建设视角下农村思想政治工作的目标

第一,加强农村思想政治教育,促进更广泛的农村群众参与,高度重视农民的实际利益,激发农民自主创业的积极性和主动性,从而使农民获得实际利益,进而积极融入农村建设,更好地践行科学发展观,快速而有效地推动农村经济、生态等多方面的进步,实现农村建设的目标和愿望。

第二,加强农村思想政治建设,持续提升农民科技素养,加强农民科技应用能力,确保粮食生产稳定,提升农村经济发展水平,缩小城乡差距,加速推进社会主义现代化进程,确保农村建设有序推进。自改革开放以来,我国经历了翻天覆地的变革,城市蓬勃发展,农村地区的交通状况相对较为不便、公路不通、生产和生活资源短缺的现象得以改善。但农民的国家和集体观念较淡薄,同时婚嫁丧葬大办搞攀比、封建迷信活动还有比较大的市场、农村宗族势力影响仍然较大。这些现象依旧突出,与当前农村思想政治工作薄弱有着直接的关系。因此,必须加强对农村群众的思想政治教育,加速推进农村建设的进程,以最快的速度扭转当前的局面。

第三,推进农村思想政治教育事业,促进社会主义和谐发展。开展农村思想政治教育工作,实现社会主义和谐。目前,我国农村的社会关系是健康的、稳定的,但也存在一些不容忽视的矛盾和问题。为解决这些矛盾

冲突需要加强农村思想政治教育，发挥其积极作用和协调组织能力，实现社会和谐目标。

三、农村思想政治工作的执行要点

为了有效发挥农村思想政治工作的作用，必须注重基层管理力量的发挥。必须把构建社会主义和谐社会作为当前一项重要而紧迫的任务来抓，以促进人与人之间、人与自然之间、人与社会之间的相互协调发展。

第一，要确保农村思想政治工作的顺利开展，必须建立党委统一领导、宣传组织完善、各级分工明确的农村思想政治工作格局，以促进农村思想政治工作的顺利推进。此外还需通过加强农村基层党建工作提升农村党员干部队伍综合素质与能力，确保其更好地服务于农民群众，从而为开展农村思想政治工作提供有力保障。

第二，在农村思想政治工作的实践中，需要根据时代的发展背景，加强党的思想精神的学习和宣传，以促进更多农村群众了解和领会新时代中国特色社会主义思想精神，并在当地基层党组织的领导下，坚持社会主义核心价值观，结合当地特色，形成良好的乡村文明风尚，引导农村群众积极向上、努力发展。

第三，要注重培养优秀传统文化与先进文化相结合，使农村人民具有较高道德素质水平，从而促进我国精神文明建设。农村思想政治工作开展过程当中离不开物质保障以及相关设施的支持。随着农村思想政治工作的不断推进，农村地区需要进一步完善地方公共基础设施和文化服务，加强文明场所的建设，如图书馆、博物馆、文化活动中心等，以此为思想政治工作的开展提供更加优越的条件。

第四，凸显榜样作用。农村地区是社会主义核心价值观培育与践行的重要阵地之一。在农村地区，通过推选农民群众中的道德模范、感动人物、劳动标兵等优秀榜样作为示范，并采用人物事迹分享、优秀人物宣传、特色剧目编排等多种形式进行宣传教育，先进典范的引领作用可以有效推动思想政治工作的顺利开展，同时也有助于农民群众学习榜样精神，提升自身思想政治水平。

第五，因地制宜，发挥特色优势。在农村思想政治工作中，应当充分发挥地方资源优势，丰富地域文化生活，以此为基础，开展多样化的思想政治工作形式，并在传统农村思想政治工作形式的基础上，结合新时代的思想精神、发展形势，有针对性地推进现代农村思想政治工作，充分发挥基层党组织的战斗堡垒作用，积极发挥党员干部的模范带头作用，引导广大村民积极参与到乡村振兴战略中去。

第三节　遵循农村思想政治工作的基本原则

一、农村思想工作的基本原则

思想政治工作原则即思想政治工作应遵循的守则、方针，是思想政治工作的客观规律在思想政治工作过程中的反映，是思想政治工作者在工作中处理各种矛盾的准则。① 在推进乡村振兴、全面建设社会主义现代化国家的过程中，明确思想政治教育的目标是加强农村思想政治工作的先决条件。而确保农村思想政治工作目标的实现，必须确立一套科学的工作准则，即坚持党对农村工作的领导，始终把解决好广大人民群众最关心最直接最现实的利益问题作为出发点和落脚点，才能有效发挥农村思想政治工

---

① 刘建明、王泰玄等：《宣传舆论学大辞典》，北京：经济日报出版社1993年版，第3页。

作作用。针对我国"三农"的实际情况,加强农村思想政治工作应当以农民为中心,将思想问题和利益问题有机结合,并采用易于实施的方式,以满足他们的需求和兴趣。

(一) 坚持以农民为中心

在农村思想政治工作中,坚持以农民为中心的原则,旨在将满足农民需求和促进农民发展作为出发点和落脚点,并将其贯穿于整个工作过程中。研究农村思想政治工作特点及其规律,对于做好新时代农村思想政治工作具有重要意义。自党的十八大以来,以习近平同志为核心的党中央坚定践行"人民对美好生活的向往,就是我们的奋斗目标"的庄严政治承诺,明确提出将实现人民的幸福作为发展的终极目标和归宿,形成了以人民为中心的发展思想。这一重要论述深刻揭示了我国经济社会发展规律,也为新时代做好农村思想政治工作指明了方向。在农村思想政治工作中,以农民为中心的原则是一项重大的理论创新成果,它在实践中得到了具体体现。

首先,在农村思想政治工作中,必须始终坚持以农民为中心的原则,这是体现人民立场的内在要求。在我国历史上,党一直把实现和维护人民群众的利益放在第一位,这是我们党一贯遵循的基本原则,也是社会主义制度优越性的具体体现。中国共产党作为马克思主义政党,其根本政治立场为人民立场,这是马克思主义理论的显著特征之一,同时也体现了无产阶级立场的鲜明特点。从这个意义上讲,思想政治工作的本质决定了必须以实现人民群众的根本利益为出发点。中国共产党所代表的并非自身的特殊利益,而是最广大人民的根本利益,这一点毋庸置疑。从本质上说,一切为了群众,全心全意地为群众服务是党的根本宗旨,也是党开展各项工作的出发点和归宿。作为党的工作的重要组成部分,思想政治工作的本质属性始终是以人民为中心,因为党的本质决定了思想政治工作的人民立场,所以农村思想政治工作必须以农民为中心,这也是其基本原则。

其次，以农民为中心原则是贯彻习近平新时代中国特色社会主义思想教育，提升农民素质的必然选择。坚持以农民为本原则，是坚持以人为本的必然要求。习近平新时代中国特色社会主义思想彰显了党对人民群众根本利益的高度关注，并坚定不移地推进人的全面发展。农村思想政治工作必须注重农民群众的思想特质和心理接受能力，关注农民的生产生活需求和发展期望，将党和国家的发展战略与农民的发展需求紧密融合，以增强农民对新时代新思想的认同。

（二）解决思想问题与利益问题相结合

解决思想问题与利益问题相结合原则，是指在开展农村思想政治工作过程中，既要坚持用中国化马克思主义最新成果和社会主义核心价值观教育引导农民，又要不断解决广大农民群众生产生活中合理的利益诉求，提升农民群众的获得感。

第一，解决思想问题与利益问题相结合是由社会主义共同富裕的本质规定和奋斗目标决定的。共同富裕首先就是让社会全体成员都过上富足、美好的生活。邓小平说："物质是基础，人民的物质生活好起来，文化水平提高了，精神面貌会有大变化。"[①] 解决利益问题是解决思想问题的重要基础和前提，解决思想问题是解决利益问题的重要动力和保障。因此，在农村现代化建设进程中，必须坚持解决思想问题与利益问题相结合的原则。

第二，解决思想问题和利益问题相结合也是实现我国现代化目标的客观要求。在解决思想问题的过程中，解决利益问题是不可或缺的基础和前提，解决思想问题则是推动和保障利益问题解决的重要动力。只有通过解决思想问题才能使广大农民树立正确的致富观，增强对改革发展稳定大局的责任感和紧迫感。因此，在推进农村现代化建设的过程中，

[①]《邓小平文选》（第3卷），北京：人民出版社1993年版，第89页。

必须始终坚持将思想问题和利益问题有机地结合起来，以达到最佳的解决效果。

第三，解决思想问题和利益问题相结合是满足广大农民群众物质文化需求的迫切需要。随着我国社会主义市场经济的蓬勃发展，社会经济成分、组织形式、就业方式和分配方式呈现出越来越多元化的趋势，人们的利益意识也日益增强，从而使得人们的思想行为与实际利益之间的联系变得更加紧密和直接。为适应社会主义市场经济建设的需要，我们需要将思想问题和利益问题有机结合。

第四，解决思想问题同解决利益问题相分离是市场经济固有的内在矛盾所决定的。为了消除市场内在的自发性缺陷，坚定市场经济的社会主义方向，思想政治工作需要在引导人们树立正确的利益观念的同时，避免三种错误倾向的出现：一是避免将思想和利益割裂开来的倾向；二是防止把思想政治教育简单化的倾向；三是避免把个人利益作为唯一目标。只有在加强思想政治引导的同时，才能真正解决实际问题，否则思想政治工作就会陷入一种"空洞化""虚无化"的状态。若只关注实际问题的解决，而忽视了思想素养的提升，那么就会陷入"事务主义"和"利益至上"的陷阱。在追求社会和谐的过程中，我们必须坚持以大多数人的根本利益和整体利益为出发点的思维模式，不能因为满足少数人的利益而损害大多数人的根本利益，也不能忽视个人的合理利益诉求，从而导致社会对立和矛盾的激化。只有这样，才能使思想政治工作真正成为推动经济发展和促进和谐社会构建的强大动力。

因此，在推进农村社会主义现代化建设的过程中，思想政治工作必须始终坚持将解决思想问题和解决利益问题有机地结合在一起。研究和解决我国社会主义初级阶段的各种社会矛盾、实现各方面利益关系和谐统一，农村思想政治工作必须深刻理解思想问题与人们利益之间的紧密联系，积极响应人们的现实关切，解决他们所面临的实际问题。当前我国农村社会发展已经进入一个全新阶段，广大农民群众对生活质量要求越来越高，对精神文化需求也不断增加。只有将解决农民群众的思想问题与解决他们的现实利益问题有机融合，方能真正实现与农民群众的紧密联系，从而为思想政治工作奠定坚实的群众基础。只有把农民群众的需求作为开展农村思想政治工作的出发点和落脚点，才能使农村思想政治工作取得预期效果。

（三）喜闻乐见、简便易行

喜闻乐见、简便易行原则是指农村思想政治工作的方式要坚持农民群众真心喜欢、乐于积极参与且勤俭实用、便于实施的原则。习近平总书记在2015年党的群团工作会议上指出："要以群众喜闻乐见、便于参加的形式和方法开展工作，组织活动请群众一起设计，部署任务请群众一起参与，表彰先进请群众一起评议。"① 在农村思想政治工作中，应当秉持让人感到愉悦、操作简单的原则。

第一，党的群众路线对农村思想政治工作的要求在于坚持以喜闻乐见、简便易行的方式进行。党的群众路线是一切为了群众，一切依靠群众，从群众中来，到群众中去。在新时代，要以群众为支撑、以群众为动力、以群众为中心，农民群众更关心什么，都是我们思想政治工作努力的方向；农民群众对我们所说的"理"和"招数"的信仰与否，以及所策划的"活动"的效果，都是最公正、最权威的检验者。

第二，把农民群众当作教育对象是开展农村思想政治工作要遵循的基本原则。在农村思想政治工作中，我们必须始终坚持以农民为中心，以满足农民群众的需求为出发点，同时贯彻党的群众路线，确保工作简便易行，让农民感到愉悦和满意。要使农民群众对开展思想政治教育感兴趣、愿意参与、乐意投入，关键在于增强农村思想政治教育的吸引力。为了满足农民群众的需求，思想政治工作必须在内容的策划和选择方面做到尽善

---

① 《习近平关于社会主义政治建设论述摘编》，北京：中央文献出版社2017年版，第200页。

尽美，同时在方式和形式上也必须具备激发农民群众兴趣、让他们乐于接受的特质。否则，党的思想政治工作将失去广泛的群众基础，从而无法发挥其应有的影响力。

第三，坚持通俗易懂、贴近实际的原则，是做好农村思想政治工作的前提。首先，要把握好通俗性与思想性的关系，使之相互协调统一。在农村思想政治工作中，坚持以娱乐为主、操作简单易行的原则，是提升其吸引力和感染力的必要条件。实践证明，要想提高思想政治工作的实效，必须以通俗易懂、易于理解的语言去感染人、引导人。中国的教育传统一直强调"以娱乐为主、以教育为辅"的理念，即通过引人入胜的方式来传授知识。"盐"是我们生活中最常见的东西之一，也是我们日常生活中不可或缺的物品。习近平总书记强调，优秀的思想政治工作不应仅仅依赖于简单的盐的摄入，而应该通过将盐溶解于各种食物中，以自然的方式吸收，从而达到更好的效果。这也是对我们党在新时代开展思想政治工作提出的明确要求。这个富有新意且栩栩如生的比喻，蕴含着深邃的内涵和丰富的意义。只有这样，才能使思想政治工作真正成为推动经济发展和促进和谐社会构建的强大动力。思想政治工作犹如人类精神中的"盐"，通过简单、生硬、单调的灌输方式，直接将知识灌输给受教育者，不仅难以被受教育者接受，而且容易引发内心的反叛和压抑。只有让学生在潜移默化中感受到"盐"所蕴含的价值和魅力，才能达到理想的效果。通过举办多姿多彩的文化教育活动，将教育与娱乐相结合，更容易使其受到思想政治工作的深刻影响，从而获得一种令人陶醉的美妙体验，让人回味无穷，感受到无限的愉悦。因此，思想政治工作必须贴近实际、贴近生活、贴近群众。在农村思想政治工作中，应特别注重满足农民的情感需求，让他们在愉悦的氛围中接受教育。当思想政治工作能够引起农民群众的喜悦和喜爱时，其所具备的吸引力和感染力将得到进一步的提升。党员干部应当深入到农民群众中，全面了解他们的需求、期望和喜好，以确保思想政治工作的目标定位、顶层设计和决策实施与农民的特点和要求相契合，避免出现形式主义的走过场和官僚主义的高高在上、脱离基层、不作为、不负责任和不维护群众利益的现象。党员干部必须深入细致地做好各项具体事务，做到有的放矢、切合实际、切实管用。以简便易行的原则为指导，摆脱惰性思想的束缚，不断探索创新有效的思想政治工作方式和方法，切实践行勤俭节约的理念，在确保思想政治工作效果的前提下，坚决避免出现劳民伤财的情况。

二、思想政治教育工作方法创新原则的基本特点

（一）辩证性

首先，思想政治教育工作方法是在辩证唯物主义和历史唯物主义的指导下，对思想政治教育的客观规律进行了主观认识，并在此基础上形成的。实践证明，只有这样才能真正使广大农民群众把思想统一到中央决策上来，把行动落实到基层党组织建设中去，从而增强凝聚力和战斗力。因此，它与其他真理性认知所共有的特质在于，它是绝对真理和相对真理的完美融合。同时又由于思想政治教育自身的特点，其内容、对象以及教育者本身等因素，使其在发展过程中表现出一定程度的特殊性。尽管高校思想政治教育规律具有绝对的真理性，但由于不同个体的认知能力以及知识水平的差异，导致人们对其原则和规则的理解存在主观性。这就是我们说的思想政治教育原则是相对的，而非绝对的。

其次，对于原则的划分，我们需要考虑其相对性。思想政治教育原则是相对于具体的事物而言的，它既可以从理论上进行研究，又可在实践中去探索。由于所有事物都是相互关联的。因此，思想政治教育原则之间存在差异和联系，对于各种原则的理解不应过于绝对化。

再次，研究思想政治教育的基本问题，需要遵循一定的方法论原则，这就是辩证唯物主义和历史唯物主义的基本原理。认识到"两点论"和

"重点论"的统一，主要是为了消除片面和"左"的思维模式所带来的负面影响。

最后，我们还应该看到，不同历史阶段、不同社会发展水平上思想政治教育的目的都不尽相同，因而，思想政治教育的基本原则也有所不同。在某一特定时期，特别强调了对教育的关注和重视，对待教育应该怀着一颗敬畏之心，但同时也需要时刻保持严格的标准，坚持将教育与自我教育相结合的原则。有些人夸大了"自我教育"，否定了党和人民的教育，并不了解内在的自我教育意识所蕴含的积极影响。因此，只有辩证地把握思想政治教育的原则，才能更好地运用思想政治教育。

（二）整体性

在思想政治教育的演进过程中，遵循着一系列的准则，这些准则构成了一个不可分割的整体。它们共同组成了整个思想政治教育发展的客观规律体系。在思想政治教育的全过程中，遵循这一规律是不可或缺的，因为它是思想政治教育的引领者，对于把握思想政治教育的方向具有至关重要的作用。因此，研究思想政治教育发展中坚持什么样的基本原则显得尤为重要。思想政治教育的层次结构包含三个层面，尽管这三个层面涵盖了许多原则，但它们之间相互联系，密不可分，在使用过程中必须保持平衡和综合利用，不能有所偏颇。其中最基本的就是遵循层次性理论，每个系统都要遵循相互依存、相互作用的原则，对于三个层次的把握，必须全面考虑，不可片面强调其中一方而忽视另一方。只有这样才能做到有的放矢，提高针对性。在过去，我们过于强调相关水平和操作水平的原则，而忽视了隶属度原则，误解了"自我中心"，淡化了思想政治教育的阶级性，最终导致了方向的迷失和不必要的失误，这是我们实施过程中的教训，必须认真总结和吸取。

(三) 层次性

思想政治教育所遵循的自上而下的原则体系，呈现出从整体到局部、从一般到具体、分层有序的特征，每个水平在特定的边界条件下都具有其独特的功能和意义，不能随意混淆或颠倒。它们共同组成了整个思想政治教育发展的客观规律体系。从宏观视角来看，思想政治教育的性质和方向应当被界定为从属层次的原则；从中观视角来看，关联层次的原则规定了思想政治教育所处的外部客观环境和必备条件，目标层次的原则就是把整个社会作为一个有机整体来研究思想政治教育问题；从微观视角看，思想政治教育实际操作的具体规则，是从个体层面制定的运行层次原则。从这个意义上说，思想政治教育系统内部存在着一个由不同层次组成的结构体系。此外，这三个等级之间存在一定的顺序差异，同时，处于同一等级中的相关因素之间也存在差异。

(四) 动态性

随着社会的不断演进和进步，思想政治教育处于一种相对静止但绝对运动的状态，因此，随着思想政治教育的变化，思想政治教育的基本原则也在不断演变。不同层级上的原则是相互联系、相互作用、相互依赖、相互促进的，但又具有各自相对独立的内容和特点，并不是彼此孤立存在或互相取代的关系。随着社会历史和文化的变迁，我们不断总结经验教训，得出新的结论，并将其应用于具体实践中，从而不断改变人们的认知和对事物的看法。思想政治教育必须适应时代要求，根据社会需要进行改革和创新，以满足人的需求为目的。思想政治教育的动态性在这里得到了充分的体现，同时也遵循了马克思主义唯物论观点，即事物都在不断发展变化之中，思想政治教育也应该随着时代的发展而不断改革创新，以适应时代要求，从而焕发出更为蓬勃的生命力。

三、思想政治教育理论、实践、制度创新有机统一

社会主义农村要取得良好的发展势头，就必须坚持马克思主义思想路线的指导。在进行思想政治教育活动时，必须以解放思想、实事求是为指导，将思想政治教育理论、实践和制度的创新有机地融合在一起，这样才能在农村这个广阔的领域中获得成功。农民的思想政治教育更需要将这三者紧密结合起来，形成协同作用，为农村思想政治教育提供坚实的支持，为农村建设增添新的力量。

为了促进农村思想政治教育的蓬勃发展，必须采用具有创新性的手段和方法，并结合中国特色社会主义的国情，将理论创新与农村的基本情况相融合，以实现理论创新和实践创新的有机统一。在新时代，我们要把理论学习与我国当前农村经济文化建设紧密结合起来，通过理论联系实际来帮助农民提高自身素质水平，从而促进农村社会和谐稳定发展。马克思主义的重要观点之一是将理论与实践相结合，充分尊重人民群众的创新精神和勇往直前的开拓精神。在新时代，我国农村经济已经进入转型阶段，社会发生巨大变化，这对于农村思想政治工作提出了更高要求。为了加强和改善农村思想政治教育工作，必须以科学理论为指导，而马克思主义中国化为其提供了强有力的理论指导，将马克思主义理论与中国的实际相结合，不断地应用于农村思想政治教育过程中，取得显著的成效。

对于一个拥有十几亿人口的大国而言，单纯依靠个人自觉性来开展教育活动是远远不够的，因此制定完备的制度尤为重要。制度是维持国家基本活动的重要准则，有了国家制度的保障，农村思想政治工作的开展将更加顺利。同时，在我国当前的形势下，社会环境也发生着巨大的变化，这都会对农村思想政治工作造成影响。只有将农村思想政治教育的理论、实践和制度创新有机地融合在一起，才能更有效地推进该领域的教育活动。

(一) 实践创新是理论、制度创新的动力和源泉

中国农村思想政治教育形成和发展的进程,是不断坚持马克思主义理论指导实践,并在实践过程不断总结经验教训,将马克思主义中国化的过程。一个国家、一个政党或是一个民族要想进步,必将进行思想政治教育。重视理论思维、理论创新和理论武装,是农村思想政治教育创新的前提条件。在农村顺利地开展思想政治教育工作,科学理论的指导是非常重要的。在中国特色社会主义道路建设过程中,要鼓励人民进行实践活动,因为实践是检验真理的唯一标准。正是通过不断的实践总结,形成了一系列科学的理论。因此,面对新的起点,一方面要开展农村思想政治教育活动,加强科学理论的指导;另一方面,结合新的形势和新的实践继续丰富和发展这一理论,不断推进马克思主义中国化时代化大众化,不断开辟马克思主义在当代中国发展的新境界,把实践基础上进行的理论创新和理论创新主导下的实践有机地结合起来,这就为农村思想政治教育提供了良好的经验。

(二) 理论、制度创新为实践创新提供科学指导

在中国农村思想政治教育的形成和发展过程中,始终坚持以马克思主义理论为指导,不断总结实践经验和教训,并将其与中国国情相结合,这是一个不断推进、完善、螺旋式上升的过程。

社会事业的变革在于对制度进行全面的升级,以适应不断变化的社会需求。农村思想政治教育在改革开放中得到蓬勃发展的同时,也存在着一些问题。如果说,勇于实践是源源不断的生命之泉,科学理论是指引前进方向的明灯,那么制度建设就是其坚实的基石。因此,在农村思想政治教育领域,不断推动理论和制度上的创新,对巩固党在广大农民群众心目中的地位有着极其重要的意义。一旦制度确立,其所具备的约束力量将为人民提供根本性、基础性和稳定性的作用,从而使其必须遵循

制度办事。制度是一个国家文明程度的标志。在改革实践中，随着新形势、新问题和新经验的不断涌现，我们必须通过深入研究和全面总结，及时制定全新的法律法规。同样，思想政治工作也是如此，没有制度作为保证，思想政治教育就难以落实。在人类的发展历程中，不难发现，任何一种优秀的方法，包括最先进的理论，如果不被制度化，都会随着时间的推移逐渐被人民所遗忘。因此，在推进农村思想政治教育的进程中，我们必须注重实践操作，同时注重理论创新、制度建设，通过制度创新将教育成果制度化、体系化，使其成为一个不断完善的教育体系。当前，我国正在进行的社会主义现代化建设事业，对广大农民提出了更新更高、更为迫切的需求。随着社会的不断演进和变革，民众对于制度创新和建设任务的期望和要求也在不断提高，这需要我们付出更多的努力和时间。因此，在推进农村思想政治教育新起点的过程中，必须将制度创新置于制度建设的核心位置，唯有将其置于更为显著的位置，方能为实践创新提供更坚实的支撑。

第五章 新时代加强农村思想政治工作的实践策略

农村建设需要发展农村思想政治教育建设，它是社会主义农村建设的理论保证，是实现社会主义现代化的基本要求。社会生产力的不断提高、文化教育水平的提升和政策的倾斜，使得农村思想政治教育越来越引起人们的关注。农村思想政治教育也是构筑和谐社会的一部分，肩负着推进全社会和谐发展的重大历史性任务。以明确的思想从经济、政治、文化等方面全方位地引导人民，大力开展农村思想政治教育理论内容和实践内容，提高人民的科学文化素养，是新时代的要求。

从当前的形势来看，实现农村思想政治教育是一个长期的过程，不是一蹴而就的。这就要求各级党委政府、各部门加强协作，坚持"以人为本"，教育人们全面发展；要求政府部门制定行之有效的方法方案，给予农村思想政治教育工作更多的重视；同时借鉴国外经验，坚持"倾斜原则"和"补偿原则"，调整和改革相关制度、完善资助体系、健全农村义务教育法律制度，以及整合不同地区的教育资源，同时还要建立有效的思想政治教育进展审核标准，从而促进农村思想政治教育扎实推进。

第一节 丰富农村思想政治工作内容

一、农村思想政治工作内容的要求

(一) 工作内容要有时效性

农村思想政治工作的内容,既处于一个相对稳定的状态,又是在"变"与"不变"中不断发展。在新时代,优化农村思想政治工作,必须准确把握农村思想政治工作的新特点和新要求,在守正的基础上对其内容进行开拓。首先,要明确思想政治工作的重点内容,区分主要矛盾,不能"眉毛胡子一把抓",应在习近平新时代中国特色社会主义思想的指导下,注重其工作内容的阶段性和层次性,做到工作合理规划和有序整改。其次,思想政治工作的内容必须与时俱进,与农村发展相结合。新时代,农村思想政治工作必须深化与农村产业发展,振兴农村人才,保护农村文化和生态,丰富农村相关的思想政治内容,确保农村思想政治工作的及时性、收敛性和现代性。最后,必须对工作内容有很强的敏感性和自我意识,始终对农村发展作出回应,同时保持思想政治工作不变,在"变"和"不变"的过程中更新工作内容,以满足农民精神文明建设的需要。

(二) 工作内容要与农村的中心任务相协调

在脱贫工作期间,我们的首要任务是实现"精准脱贫",消除绝对贫困。在乡村振兴这场战役中,农村思想政治工作主要服务于乡村振兴,并在实践中逐步走向振兴。思想的转变使得人们更加积极地参与到乡村振兴的事业中来，今天，我国已进入实现第二个百年奋斗目标的新征程，农村工作的中心任务也发生了变化。因此，思想政治工作的内容必须以振兴农村和建设社会主义现代化国家为重点，与时俱进，以进一步满足农村和社会发展的迫切需要。在新时代，农村思想政治工作的内容必须结合农村的中心任务，才能确保农村思想政治工作内容"精准"、服务"精准"，实现农村地区的全面协调可持续发展。

（三）工作内容必须紧紧围绕农民和群众的思想

思想政治工作是一项系统性的工作，既要抓每一个人，也要抓重点群体。因此，新时代农村思想政治工作必须坚持分类指导的原则，密切关注农民思想，根据农村群众的思维特征来推进思想政治工作。

第一，农村群众具有动态思维。农村群众的意识形态是一个比较完整、比较实用的思想体系，由于物质利益和环境变化等因素，它会产生意识形态波动，影响农民的实际行为。第二，农村群众具有开拓性思维。农民并不总是处于被认为的愚昧、无知、落后的境地，他们也会在时代潮流中接受和更新思想，改变思维方式。第三，农村群众具有创造思维。为农民和群众开展思想政治工作，挖掘创造群众思维，汇聚智慧促进农村发展，激发农民群众"星星之火"，群众的内生动力使农村思想政治工作取得了高质量的成果。可见，了解农民群众思想活力、创造力和发展性的优势，有利于促进思想政治工作的发展，但我们必须重视农村群众在思想转变和更新中产生的错误思想，开展丰富多彩的工作，及时纠正和预防，确保农民群众的思想与主流相适应。

（四）工作内容要有所创新

内容创新是农村思想政治工作保持先进性和活力的关键。农村思想政治工作内容创新要围绕巩固党在农村意识形态的领导权展开，坚持理论性、及时性、针对性的原则，立足农民群众的需求和乡村振兴的要求，通过教育引导和实践养成，进一步解放和更新农民群众的思想。同时，及时更新和丰富思想政治工作的内容，也是保持农村思想政治工作内容的先进性和活力的内在要求。

1. 提升农村思想政治工作的针对性和预见性

首先，加强对乡村振兴战略的理解和贯彻落实。它们"是一切人类生存的第一个体，也就是一切历史的第一个前提"①。"行动的一切动力，都一定要通过他的头脑，一定要转变为他的愿望的动机，才能使他行动起来"②。可通过组织相关培训和学习活动，让工作人员更加熟悉政策要求，深入了解乡村振兴的内涵和意义，有针对性地开展思想政治工作，推动农村发展和繁荣。其次，建立完善的信息反馈机制和调查研究机制。通过开展调研和收集信息，了解农村群众的意见和需求，及时发现并解决群众反映强烈的问题，有针对性地开展工作，提高工作实效性。再次，加强与基层组织的联系和协调。通过定期开展座谈会、调研活动等方式，加强与基层组织和干部的交流和协调，及时解决工作中存在的问题，加强对基层干部的培训和指导，提高他们的工作能力。最后，要创新工作方式和方法，借助新媒体等工具开展宣传工作，提高群众的参与度和获得感，推动思想政治工作的质量和效果。同时，要加强与社会力量的协作和合作，发挥社会各界的力量和优势，共同推动农村的发展和繁荣。

（1）加强思想政治工作的针对性

加强对农村群众的实际情况了解，对开展有针对性的思想政治工作至关重要。因此，在具体问题具体分析的基础上，还需要加强对乡村振兴战略的理解，这样才能更好地为基层群众提供服务。比如，在村庄卫生治理方面，可以通过建立垃圾分类、重点区域消毒、环境治理等机制，来加强农村环境卫生管控。同时，还可以通过技术手段加强信息反馈机制，例如

---

① 《马克思恩格斯选集》（第1卷），人民出版社1995年版，第78页。
② 《马克思恩格斯全集》（第1卷），人民出版社1972年版，第82页。

通过微信、APP、意见收集网站等线上平台向村民反馈所开展的工作内容，以及发起线上调研了解村民对于本地存在的现象、问题的看法。这样不仅能够更好地掌握村民的想法，而且可以让村民更好地了解自己社区的建设情况，增强基层组织与村民之间的联系。其次，加强农村思想政治工作的针对性和实效性，需要村干部具备全面的素质和能力。村干部作为农村基层治理的中坚力量，在推动乡村振兴、实现农村社会稳定与发展中扮演着至关重要的角色，不仅需要具备坚定的政治立场和高度的政治敏锐性，还需拥有丰富的管理经验、创新意识和强烈的服务意识。全面提升村干部的素质和能力，需要从多个维度着手，包括加强政治理论学习、开展管理技能培训、培养创新意识和市场观念、强化服务意识和群众观念、建立考核激励机制以及加强交流合作与经验分享等。可将村干部工作开展、责任落实、作用发挥等情况纳入干部工作的重点考核内容，进一步激励村干部担当作为。同时，大力实施村干部学历提升工程，对村干部进行学历提升。此外，通过组织村干部定期学习国家政策法规和党的理论，提高村干部的政治理论水平，增强政治意识和大局意识。学习的形式可以是集中培训、在线学习等，旨在确保村干部能够准确领会和贯彻党的各项方针政策。村干部还需要不断创新工作方式，通过多种手段和途径，引导和激励村民积极参与乡村振兴工作，增强乡村发展的可持续性和长期性。这需要村干部具备一定的敏锐性、判断力和应变能力，不断更新自己的知识和技能，了解最新的思想政治工作理论和实践，提高工作的质量和效率。

(2) 增强思想政治工作的预见性

增强农村思想政治工作的预见性，需要思想政治工作者不断加强自身的学习和思考，充分了解农村的实际情况和发展趋势，把握社会矛盾的变化和演化，预见可能出现的问题和挑战，在有限的资源和时间内做好防范和准备。同时，思想政治工作者还要善于创新，不断探索新的工作模式和方法，提高工作的科学性、精准度和针对性，达到预防和管控风险、解决问题的目的。例如，可以借鉴先进地区和单位的经验，加强与其他部门和组织的合作，开展"送政策下乡"等形式多样、内容丰富的宣传教育活动，引导和激发村民的创业热情和自我管理能力，促进村庄文明和谐发展。只有这样，思想政治工作才能具有预见性和前瞻性，为乡村振兴和社会和谐稳定做出更加积极的贡献。因此，加强农村思想政治工作的重要性凸显无疑，而科学地预测思想动态和矛盾出现的方向和形式，则是提高工作预见性和前瞻性的重要手段之一。此外，我们也可以借鉴一些统计学的方法，如通过数据收集、交叉分析和趋势预测等，更加科学地进行预测和制定工作方案。

2. 加强理论引导

理论学习是农村思想政治工作的基本内容，农村思想政治工作内容创新必须要坚持以马克思主义为指引，维护党在意识形态领域的领导权，合理设置理论学习内容，解决理论学习不足和理论学习内容过时这两个主要问题。我们需要利用各种方式，如开展主题教育、举办培训班、组织学习小组等，将正确的理论思想灵活运用于思想政治工作中，提高农民对于理论政策的理解度和认同度。我们还需要结合实际，将抽象、复杂的理论内容与农民日常实际相结合，通过运用正面榜样和反面典型等进行示范教育，帮助农民树立正确的世界观、人生观、价值观，增强社会责任意识和集体意识，使思想政治工作更好地服务于广大农民的需求，推动农村社会的文明进步和发展。

3. 增强时代特色

时效性是农村思想政治工作的基本原则，应当保持思想政治工作内容的更新，结合社会发展的要求及时更新内容，以保证思想政治工作的生命力和活力。然而，目前农村思想政治工作的内容陈旧、更新滞后的问题比较突出，这不仅影响了农民群众对国家相关制度、政策的了解和掌握，也制约了农村思想政治工作的开展。因此，在新时代，我们需要抓住与当下时代特点相关的话题和内容，结合农村实际和农民需求，及时更新农村思想政治工作的内容，通过宣传学习，让广大农民群众及时了解和学习党和国家的方针政策，并畅通制度政策宣传学习的最后一公里。同时，我们也要强调思想政治工作的针对性和预见性，加强分析当前思想政治工作中的主要矛盾和矛盾的主要方面，做到"预先设定"和"预先设计"，以增强思想政治工作的有效性。

二、农村思想政治工作内容的创新

（一）强化形势与政策教育，树立国家主人翁意识

针对农村思想政治教育内容的创新，需要强化形势与政策教育，树立农村群众国家主人翁意识。新时代，开展形势政策教育已经成为保障人民权益和更好地行使权益的重要措施。在农村开展形势教育，能够让农民更加清楚地了解国家的具体情况，促进农民积极主动地参与到国家建设中来，并清楚地知道国家颁布的一系列政策和制度，从而实现农民当家作主的主人翁意识和方便国家各项事业的顺利推进。同时，国家也可以通过教育过程获得农村群众的基本情况，收获农村群众的政策反馈。党的二十大报告强调了全面推进乡村振兴、巩固拓展脱贫攻坚成果、加快农业强国建设等重要任务，要运用正确的理论思想为指导，发挥习近平新时代中国特色社会主义理论在农村思想政治教育中的积极作用。

（二）加强素质教育，促进农民综合能力的提升

1. 提高政治素质

提高政治素质是农村思想政治教育的基础和核心。理想信念教育、社会主义核心价值观教育和爱国主义教育是必不可少的内容。在教育活动中，我们也应该注重科学理论的指导，以更好地教育农民，并在教育中注

重时代精神和集体主义价值观，以提高农民的政治素质和综合素质，帮助农民群众树立正确的价值观、人生观、世界观。

2. 提高文明素质

农村人口的文明素养和文化水平，关系农村地区的文明建设和乡村振兴的可持续发展。因此，我们需要采取有效的措施，加强农村文明素质建设。首先，可以通过开展文明示范村、文明家庭评选等活动，来营造文明乡村的氛围。同时，还可以利用广播、电视等媒体渠道，让农村群众更好地了解和掌握基本的文明礼仪等方面的知识。其次，要建立健全文明管理机制和制度，通过制定相关法律法规和规章制度，规范农村群众的文明行为，推动文明乡村建设。最后，要积极引导农村群众树立正确的价值观念，注重道德教育和人文关怀，加强对农村精神文化生活的支持和保障，让农村群众感受到文明素质的重要性，提高其文明素养，并充分运用到日常生活和工作中。通过加强文明素质建设，不仅可以让农村群众的文化素质水平得到提升，同时也可以为促进农村地区的发展，建设和谐的乡村社会，做出更大的贡献。

3. 提高科学文化素质

提高农村群众的科学文化素质对于促进农村地区的发展和乡村振兴具有重要的作用。实施九年义务教育是一个非常重要的举措，可以让农村群众掌握更多的知识和技能，提高其科学文化素质。除此之外，我们还可以从以下几个方面来加强农村群众的科学文化素质：一是开展科普教育。通过开展有针对性的科普活动，让农村群众了解最新的科技发展成果和成就，提高他们的科学文化素质，进一步推动乡村现代化发展。二是推广信息技术。通过培训农村群众掌握基本的计算机和网络技能，以及推广信息化应用，让农村群众更好地接触和利用信息技术，提高他们的科学文化素质。三是开展科学文化活动。组织农村群众参加各种形式的科学文化活动，如科普讲座、科技展览等，让他们了解科技创新、科技成果和前沿技术，提高他们的科学文化素质。通过以上措施的实施，可以让农村群众的科学文化素质得到切实提高，为农村地区的现代化进程和乡村振兴提供有力的支持。

（三）强化农村生态文明教育，提高农民生态环保意识

加强对生态环境的保护意识，需要接受更多的生态环保教育。政府部门可以通过积极开展生态环保教育，深入推进农民生态意识、生态观念和环保知识的普及，加强对农民生态环保意识的引导，从而推动农村生态文明的发展。此外，传统的农业生产方式和农村生活方式也需要适当调整。政府可以通过农村经济、资源环境政策等方面引导农民来参与生态环保工作，减少资源和能源的浪费，提高对资源和生态环境的利用效率，促进农村可持续发展的长远规划。总之，强化农村生态文明教育，提高农民的生态环保意识和实践能力，是推动农村生态文化建设的重要方向，同时也是实现农村可持续发展的必经之路。

1. 宣传教育提升农民环保意识

保护环境，教育为本。当前乡村主要的环境污染类型是土地污染，需要加强思想政治教育，使农民尽量减少使用高污染化学肥料，同时国家也应该积极推广有机肥料，减少土地污染，在不影响产量的情况下，广泛使用天然肥料。在当前形势下，宣传教育的重点是要使农民认识到环境保护的重要性和环境污染的危害，只有让农民深刻了解其中的道理，才能真正参与到环境保护中。

在乡村开展环保活动，良好的形式非常重要，这样可以让农民更快地接受宣传教育。通过创新乡村环保宣传教育形式，积极推广文明生产、生活方式和绿色消费理念。随着科技的进步发展，宣传手段和方式变得更加丰富多彩，不再仅仅依靠黑板报等形式进行宣传教育，而是有许多新媒体手段，如电视、广播、新闻、报纸等媒介。通过这些手段，积极宣传环境

保护的重要性，转变人们的环保意识和态度，宣扬节约用水用电，尽量少使用非可再生资源。

2. 政策教育提高农民的环保法制意识

为了提高农村群众的环保意识，可以进行政策宣传教育，加强农民对环保法制的意识。可以组织各种形式的活动，聘请专业环保专家进行环保讲座，并通过互动交流的方式提高农民自觉参与保护环境的积极性。同时，在环境法制宣传日可以进一步加强知识的普及，形成正面的宣传效应，让农民成为环保事业的一分子。对于无视法律、污染环境的侵害行为，要给予严厉处理。同时要加强环保工作的监督和检查，对于环保工作效果突出的人进行表彰激励，形成正确的价值观念。

三、农村思想政治工作方法的创新

（一）多渠道加强农村思想政治教育

加强农村思想政治教育，必须结合当下的社会发展形势，采取创新的方式与方法，提高教育效果。我们可以考虑建立在线教育平台或者社交媒体账号，定期发布有关农村思想政治教育的文章、视频、图片等，让农民便捷地获取教育内容。同时，可以利用智能化设备，如播放器、游戏机等来进行教育。这些方法不仅可以有效提高传统宣传教育的覆盖率和传递效率，也有可能进一步提高农民学习的趣味性和互动性，提升农民的思想意识，培养良好习惯。

（二）由偏重灌输教化向注重渗透默化拓展

农村思想政治教育工作需要从灌输教化向渗透默化的方向转变，这可以更好地适应社会发展的需要，也是更加符合现代化教育理念的发展趋势。在教育工作中，需要注重思想渗透，将先进的思想和理念融入教学、管理、服务和文化活动中,通过统筹规划,形成多样而复杂的隐性化教育载体。

除了注重思想渗透,还需要加强互动交流,将单向的被动接受转变为双向的互动交流,倡导学生自主学习的方法,运用先进的教育技术和平台,例如在线教育、社交媒体和智能化设备,提供更加丰富、多样化的教育资料和活动,促进更加开放、多元、平等的教育互动和交流,营造积极向上、主动参与、自主创新的学习氛围,全面提高农村学生的学习兴趣和学习能力,进一步加强农村思想政治教育的实效性和针对性。

总之,我们需要不断创新思想政治教育的方法和手段,同时注重渗透默化和双向交流,在教育工作中更好地引领人们的思想意识和行为方式,为社会和国家的发展做出更加积极的贡献。

四、农村思想政治教育机制的创新

第一,完善育人机制和保障机制。在育人机制方面,应建立健全基层教师队伍,提高他们的思想政治素质和教育教学能力,通过组织培训、定期考核等方式,促进教师不断提高自身素质和工作水平。在保障机制方面,应加大投入力度,完善教育设施和教育资源配置,加大对农村教育的政策支持和重视程度,确保农村思想政治教育工作的长期、稳定和有效开展。

第二,建立由基层主要党政负责人挂帅、主管领导和有关部门参加人员组成的思想政治教育工作委员会。通过形成部门间合力,使得工作更加系统、有序、高效。同时,通过完善乡村教师的师德建设条例和评估体系,还可以让教师更加端正职业道德,进一步提升农村思想政治教育质量。在实践中,我们还可以通过各种方法不断完善和创新农村思想政治教育机制,促进农村社会文明进步和可持续发展。

第三,农村思想政治教育应该是基层政府为民服务和基础设施建设考核的重要指标之一，农村思想政治教育工作考核的不合格应视为基层政府工作不合格，这样可以更好地推动基层政府和农村思想政治教育工作的发展。同时，还需制定农村思想政治教育工作测评体系，对领导干部、职能部门开展绩效评估，这样可以更好地发现问题，及时纠正。

第四，加大对农村思想政治教育工作的经费投入。除了应加大对思想政治理论课和哲学社会科学学科体系、教材体系、基地建设专项经费的投入，还要加大对社会实践、文化设施建设、心理健康教育、农村孩子就业指导等专项经费的投入，这样才能确保各项工作顺利开展，提高农村思想政治教育的实效。

第五，建立和完善工作队伍的保障机制，完善人才选拔的标准和任职制度，同时加强队伍的培训和评优奖励，从而增强队伍的生机和活力。

第二节　优化农村思想政治工作载体

为了优化农村思想政治工作的载体，可以从以下几个方面入手：一是创新载体形式。传统的农村思想政治工作载体形式较为单一，如集会、宣传栏、宣传队等形式。为了适应时代发展和人们的需求，需要创新载体形式，如利用互联网数字化传媒资源，建立微信公众号、微信群等社交平台，以及通过网络直播、短视频等方式，将思想政治教育与时俱进地传播出去。二是体现地域特色。不同地区有不同的地域特色，可以结合当地具体情况，选取与之匹配的载体形式，以此提高思想政治工作的实效。比如，在山区可以开展登山、徒步等活动形式，通过亲身体验与当地农民群众交流思想意识，以此提高当地农村群众的思想政治觉悟和文明素质。三是强化服务功能。要实现农村思想政治工作的精准化、深度化，需要加强工作中的服务功能，让工作对象真正感受到工作的价值和意义。可以通过建立思想支撑点、心理辅导点等机构，提供个性化、情感化的服务，增强工作的针对性。最后加强工作的整合性和协调性。农村思想政治工作需要各方面的合力，要通过制定工作计划、建立工作队伍、完善思想政治工作评估机制等方式，加强工作的整合性和协调性，确保工作的有序推进。在新时代，农村、农民都发生了重大变化，因此思想政治工作的方法和载体也必须与时俱进，在传统理论灌输的基础上，结合时代发展和农民需求，有针对性地创新和开发新的工作方法和载体，使思想政治工作真正寓于物、寓于事、寓于乐和寓于人，做到"一把钥匙开一把锁"。

一、在现代村规民约重构中开展思想政治工作

思想政治工作管理载体是将思想政治工作寓于管理的规章制度中，在实施管理过程中开展思想政治工作。在农村，对人们思想行为管理的重要载体是村规民约。制定村规民约是地方自治的重要形式，它根植于我国独特的乡土社会，是熟人社会所具有的一种自发的公共性规则。当前，在传统乡村社会向现代乡村社会转型的背景下，村规民约制定也由自发转向自觉。

（一）在村规民约的制定、修改中，将社会主义核心价值观融入其中

党的十八大提出的二十四字社会主义核心价值观，从国家、社会、个人三个层面阐述了核心价值观的内容，它是实现伟大中国梦的精神力量，是建设和谐社会的思想保障，是塑造有素养中国人的道德基石，培育和践行社会主义价值观是时代的需求。要让村规民约真正成为农村思想政治工作的重要内容，就需要加强村规民约宣传工作，提高村民参与制定、遵守的意识和能力。在村规民约制定、修改之前，应广泛征求村民意见，开展

村民代表大会、村民会议、群众听证会等形式的民主讨论，让村民参与决策，增加他们的获得感和归属感。制定的村规民约应当符合时代特点，既顺应农民实际需要，又能体现社会主义核心价值观，具有可操作性和可执行性，做到规定明确，条理清晰。村规民约的执行也需要得到村民的认可和支持。要加强宣传教育，采取多种形式，让村民深入理解村规民约，掌握内容、精神和要求，增强遵守意识。可以通过张贴宣传海报、发放宣传手册、举行宣传讲座和发送村民短信以及微信公众号、短视频等途径，让村民从不同的渠道了解村规民约并真正落实到实际行动中。

要加强村民自治的意识和能力，让村规民约真正落到实处。村规民约是村民自治的重要形式。要让村规民约真正落到实处，就需要加强村民自治的意识和能力。村民自治是指村民自愿参与农村管理和发展的一种行为方式，涵盖了自我管理行为、自我服务行为和自我教育行为。通过开展农村法制宣传教育、加强村民自治组织建设等，提高村民自治的意识和能力，让他们真正享有自主管理的权利和实现自主发展的空间，同时加强对村民自治行为的引导和监督，让自治行为变得更加有序和规范。

要做好跟踪评估和总结，及时完善村规民约制度。村规民约是一个比较灵活的管理规则，需要根据实际情况不断完善和修改。因此，定期进行跟踪评估和总结，及时完善村规民约制度，是保证村规民约有效性和实用性的重要环节。通过对村规民约实施情况进行全面、客观的评估，分析存在的问题和不足，及时修改和完善村规民约制度，使其更加符合实际和社会主义核心价值观的要求。同时，还需要及时向村民公开村规民约实行情况，让村民及时了解和反馈，提高村民的参与度和主人翁意识，进一步提高村规民约的实效性和针对性。

（二）在村规民约的实施中，思想政治工作贯穿其中促其落实

农村思想政治工作还要引导村民认识到村规民约实施的重要性和必要性。通过宣传和教育，让村民明白村规民约的制定和执行对于建设美好农

村、提高村民生活质量有着非常重要的作用。村规民约不仅仅是规范村民行为的工具,更是彰显村民自治权利和处置公共事务的重要方式。此外,农村思想政治工作还需要强化村民自治的意识和能力。村民自治是决定村规民约实施成效的关键环节之一。村民要具备自治意识和能力,不仅在村规民约的制定过程中能够发表自己的意见、提出自己的建议,还应在执行过程中积极参与、自我管理、自我监督。只有这样,才能保证村规民约的落实和有效性。最后,要注意跟踪评估和总结。在实行村规民约的过程中,需要对其执行效果和村民需求进行跟踪评估。只有不断总结经验和教训,才能不断改进,不断推动农村的可持续发展。

农村思想政治工作在村规民约实施中起着重要的作用,需要加强宣传教育,引导农村干部群众转变思想观念,加强法治意识,引导村民认识到村规民约实施的重要性和必要性,强化村民自治的意识和能力,同时注意跟踪评估和总结,以促进村规民约的落实,推进农村社会文明进步和可持续发展。

(三)督查落实情况,运用正负强化手段促进村规民约见实效

督查落实情况并不是简单的工作,需要有一个有效的监督机制和具体实施措施。为了确保村规民约的有效执行,需要建立健全以村庄为单位的督查机制。机制应由村委会、组织委员会等相关部门共同参与,通过实地走访、电话回访、问卷调查等方式进行村规民约的落实情况检查,形成相应的督查报告并及时公开,让村民了解村规民约的执行情况。同时,还应当建立激励和惩罚制度,对遵守村规民约的村民和单位进行表彰和奖励,对违反村规民约的村民进行批评教育和惩罚,并在公开栏中进行曝光。通过这些措施,可以形成宣传、推广和督查相结合的工作体系,提高村规民约的有效执行率,促进乡村治理的规范化和现代化发展。

二、在多样化的活动中融入思想政治工作

农村思想政治工作必须注重实践活动，通过开展文化、体育、科技等方面的培训和活动，促进农民的思想政治素质提高。同时，在理论灌输上，也要注重形式的创新，以吸引和影响农民的兴趣和参与，不是仅仅停留在简单地读文件、看视频上。只有结合实践活动和多种工作方法并行，才能更好地实现农村思想政治工作的目标和效果。同时，有待更加深入地探讨和研究，落实科学的、创新的、可行的农村思想政治工作方法和活动载体，推进农村思想政治工作的现代化。

（一）在传承创新农村传统节日活动中开展农村思想政治工作

农村传统节日活动作为一种具有浓郁地域特色和文化传承意义的载体，具有广泛的社会影响力和教育意义。通过传统节日活动的组织和开展，可以将思想政治工作内容渗透其中，提高农民群众对党和国家的认同感和归属感，提升农民的素质和道德观念，促进乡村社区的和谐发展。同时，传承和创新农村传统节日活动还有助于培养农村群众的民族自豪感和文化认同感，维护和弘扬中国传统文化，推进乡村文明建设。因此，农村思想政治工作者应当积极参与到农村传统节日活动的策划和开展中，注重思想政治工作的落实，推动乡村传统节日活动的现代化和创新发展。

（二）在深入推进精神文明创建活动中开展农村思想政治工作

农村精神文明创建活动是一项包含面广、影响深远、人民群众广泛参与的工作，必须加强思想政治工作的贯穿和引领，提高群众对活动的认识和参与度。同时，还需要将活动与农村脱贫攻坚工作、乡村振兴战略有机结合，打造和谐宜居的村居环境，提高农民群众的文明素质和社会责任

感,推动农村社会治理水平不断提高。在活动的实施中,可以采取切实有效的督查机制和激励惩罚制度,强化活动的约束力和效果。通过开展传统文化活动、文艺演出、社区义工服务等形式,加强农民群众的思想道德建设,营造和谐美好的乡村社会氛围。

(三)在开创志愿服务活动新局面中开展农村思想政治工作

要结合农村实际需要,开展有针对性的志愿服务活动,使其具有可持续性和实效性。例如,可以组织开展农村义务教育、垃圾分类、环保宣传等活动,加强农村文明建设,提高农民群众的文化素质和环保意识。同时,在志愿者招募和培训中,应该加强思想政治工作的引导,引导志愿者树立正确的服务观念和发扬志愿服务的社会主义精神。还要加强志愿服务活动的管理和指导,建立行之有效的志愿服务评估和奖惩制度,激励广大志愿者参与到农村思想政治工作中,让志愿服务活动成为农村思想政治工作的有力支撑和促进。志愿服务活动为农村思想政治教育提供了一个广阔的平台,要加强对志愿者的思想政治工作培训,让他们了解思想政治工作的基本知识和方法,帮助他们更好地理解农村思想政治工作的重要性和必要性,同时也必须采取具体的措施来引导志愿活动的有效开展和集中管理,加强志愿服务活动的宣传,扩大志愿服务的参与面,提高志愿服务的质量和效益。

三、在促进农村文化大发展大繁荣中开展思想政治工作

利用文化载体推进农村思想政治工作是非常重要的,也是非常契合农村的发展现状的一种方式。我们可以在各种文化活动中加强宣传思想政治工作的内容,通过各种文艺活动、课堂教育、校园文化建设、社团活动等形式,向广大农村群众输送思想政治工作的内容,提高广大农村群众思想觉悟和意识素质。同时,我们也可以通过宣传当地的红色资源,加强对共

产主义思想、独立自主、勤俭节约等优良传统的宣传和启迪，使农村群众更好地理解党的路线方针政策，并在实际生活中贯彻党的路线方针政策，进一步推动农村和谐文明发展。

(一) 在传承创新乡土文化中开展农村思想政治工作

乡村社区和农民群众是乡土文化的主要承载者和传承者，同时也是农村思想政治工作的主要对象和实践主体。因此，在加强思想政治工作的同时，可以在传承创新乡土文化的过程中，加强对民间组织和基层组织的扶持，建设好以村民自治为基础的乡村社区组织，以及基层妇女、青年、老年等各类群体组织，落实村规民约，加强以村庄为单位的督查机制等措施，促进农民自我管理、自我教育、自我服务、自我监督，提高农民的参与和治理能力，增强农民的自信心、自主意识和主人翁精神，推动乡村社区建设和文化事业发展。

(二) 在提升公共文化服务中开展农村思想政治工作

要加强公共文化服务的普及和普及途径的多样化，让公共文化服务走进农民家中，满足农民"到村不到城"的需求，打破信息、文化、教育等方面的壁垒；要重视农民的文化多样性和需求多元性，推动公共文化服务的种类丰富化，途径多样化，保障公共文化服务的普及与普及程度的提升。此外，对于一些贫困地区、偏远地区和少数民族地区，应该采取有针对性的措施，提高公共文化服务的覆盖面和质量水平；要加强公共文化服务品质的提高和更新换代；要注重公共文化设施和信息平台的建设和维护，定期进行设施维修和升级，补充和更新文化信息资源，推出具有时代性、创新性、互动性和参与性的公共文化产品与服务，不断增强公共文化服务的吸引力、参与度和影响力，推动公共文化服务的提高和更新换代。

(三) 在传承创新乡贤文化中开展农村思想政治工作

研究乡贤文化,是在县级基层地区研究本地历代名流时贤的德行贡献,用以弘文励教、建构和谐社会的文化理念与教化策略。① 乡贤文化是扎根于中国乡村的母土文化,既具有中华优秀传统文化的特征,又呈现出自己相对独立的地域性、人本性、亲善性和现实性特点,是教化乡里、涵育乡风文明、建设和谐幸福乡村的重要精神力量。

2014年9月,在培育和践行社会主义核心价值观教育经验交流会上,中宣部部长刘奇葆在讲话中指出,要继承和弘扬有益于当代的乡贤文化,发挥"新乡贤"的示范引领作用,用他们的嘉言懿行涵育文明乡风,让社会主义核心价值观在乡村深深扎根。因此,农村思想政治工作也要充分发挥乡贤文化载体的作用。农村各级党组织要重视乡贤文化建设,发挥典范教育引领作用。2015年和2016年的中央一号文件都将"乡贤文化"列入农村思想道德建设中,指出:"创新乡贤文化,弘扬善行义举,以乡情乡愁为纽带吸引和凝聚各方人士支持家乡建设,传承乡村文明。"因此,在传承创新乡贤文化中,要注意挖掘乡贤文化的现代意蕴,发挥传统乡贤的教化作用,同时要支持和激励"新乡贤"以自身的文化道德力量引领乡民、反哺桑梓、泽被乡里,助推乡村治理和精神文明建设。农村各级党组织在传承创新乡贤文化中要保证方向正确,使其发挥促进乡村健康持续发展、培育文明乡风、形成向善向上精神氛围等积极作用,防止成为仅是对"乡村精英"的敬佩与追捧,更要防止"村霸"现象出现。

---

① 王泉根:《中国乡贤文化研究的当代形态与上虞经验》,载《中国文化研究》,2011年第4期,第165—172页。

（四）在榜样示范和典型教育中开展农村思想政治工作

榜样示范和典型教育在农村思想政治工作中具有重要的意义和作用，发挥着"引路人"的作用。通过对身边的模范人物进行宣传和示范，可以让广大农村群众认识到先进文化和先进行为对于自身的影响和启示，进而引导他们遵守社会公德，积极向上、努力奋斗，形成具有良好道德风尚的社会环境。

在农村思想政治工作中，应该充分利用先进模范代表、乡贤等资源，通过评选出乡村精神文明建设等方面的榜样，进行宣传教育和示范引导。可以开展一系列的活动，如丰富多彩的文艺演出、专题讲座、座谈会等，让模范人物向农村群众普及现代文明、社会主义核心价值观等相关知识，发挥先进典型在农村思想政治工作和其他各项工作中的引领示范作用。此外，还可以利用现代信息技术手段，通过互联网、微信公众号等渠道，宣传和报道先进模范个人和事迹等。通过现代化网络工具，可以让更多的农民群众了解模范人物的先进事迹，从而引导他们向先进典型看齐、向先进行为学习。

总之，发挥榜样示范和典型教育的积极作用，需要在各个方面进行全方位的宣传教育和示范引导，以形成真正的群众教育、典型引领和榜样效应，不断提高农村思想政治工作的质量和水平。

四、利用新媒体提升思想政治工作覆盖面和实效性

利用新媒体来提升思想政治工作的覆盖面和实效性，从而更好地满足人民群众多样化、个性化、多元化的需求。通过广播电视、网络、微信等新媒体平台，可以更加精准地传达思想政治工作内容，同时也更容易引起人们的关注和参与，提高其实效性。比如，通过建立微信公众号、网站等平台，可以及时发布政策法规、新闻资讯、思想理论等信息，同时也可以

开展互动交流、线上教育培训等活动，实现知识普及和观念引领。此外，还可以利用新媒体开展定向推送、精准营销等工作，进一步提高传播效果和覆盖面。综合利用各种新媒体平台，可以更好地实现农村思想政治工作的精准传播、多元化服务、群众参与等目标，进一步提高其工作质量和水平。

（一）在农村思想政治工作中运用好广播电视媒体

在农村思想政治工作中，广播电视和文化遗产以及公共文化服务是重要的工作途径。尤其是在大多数农村地区的大众传播中起到了舆论主导的作用。同时，广播电视媒体具有大众接受、使用方便、操作简单和政策导向性、舆论导向性等多种优势，因此在农村思想政治工作中有着非常重要的地位。需要通过顶层设计和基层运用相结合，充分发挥广播电视的作用以及通过文化遗产和公共文化服务提高农民的思想道德素质。同时，也需要紧紧抓住当地特色和实际需求，开展多元化、针对性强的工作，切实提高广大农民群众的思想道德素质。

在利用广播电视媒体开展农村思想政治工作的过程中，需要注重其内容的针对性、及时性和有效性，要避免内容单一、重复枯燥等问题。同时，在思想政治教育内容的选择上，需要注重实际需求，立足当地特色和实际情况，针对性、实用性强的内容，在传播过程中更加容易引起受众的共鸣，提升广播电视媒体的传播效果。除此之外，还需要通过产生优秀节目、加强意识形态体系建设等措施，提高广播电视媒体的吸引力和影响力，切实发挥其引导作用，为农村思想政治工作的开展提供坚实的舆论支撑。

（二）在农村思想政治工作中运用好网络媒体

网络媒体作为一种新兴的传播方式，正在逐渐成为农村思想政治工作的重要载体。在网络媒体的传播渠道和传播速度等方面，相较于传统媒体具有明显的优势。网络媒体的面向性、互动性和多样性也为农村思想政治工作的开展提供了更为广阔的空间。要发挥网络媒体在农村思想政治工作中的作用,需要充分挖掘其潜力,把握其规律,制定合理的策略与方法,提高信息传达能力和传播效果。

加强乡村主流网站建设,使其成为有效的农村思想政治工作载体,是目前亟须解决的问题。同时,针对网络信息的及时性,我们还可以考虑开展直播、微信群、公众号等交互式学习宣传活动,以提高农民的参与度和互动性。除此之外,也可以利用农村广播电视台、手机 APP 等多种媒介形式,全方位、多角度地进行思想政治工作。此外,为了建设一支强有力的网络思想政治工作队伍,有必要加强人才培养,提高网络媒体运用能力,为基层工作提供更优质的服务。

(三) 在农村思想政治工作中发挥"微媒体"的作用

随着智能手机和移动互联网的普及,农民对于微信、微博等社交软件的使用量不断增加,农村的"微媒体"已然成为农村思想政治工作的不可或缺的一部分。在此时代背景下,加强微信公众平台建设是十分必要的,可以有效提升农村思想政治工作的影响力和效率。此外,对于发布信息内容,我认为需要更具针对性,因为农村思想政治工作的对象和范围更加广泛,需要根据不同的地域、文化和社会背景信息呈现的方式进行相应的调整,同时也要注意信息的实时性和前瞻性,保证信息的时效性和引导力,真正达到思想政治工作的宣传效果。最后,在队伍建设方面,我们需要注重提升农村思想政治工作者的专业素养和互动沟通能力。只有不断提高微媒体运用能力,创新思想宣传方式,才能在微媒体上开展卓有成效的农村思想政治工作。

五、优化各类载体的意义

(一)"行为"载体为新时代农村思想政治工作夯实地基

传播手段和话语方式的创新是以"行为"载体强化农村思想政治工作的有力举措。首先,以"脚"丈量。可在田间地头、农户家里、巷尾街头、会议等场所开展农村思想政治工作,以多样化的方式与群众交流想法、在民主讨论中提出意见,了解农民群众最新思想动态,让农民群众真正认识到农村思想政治工作到底是做什么,避免再次出现不知道、不了解的现象发生。其次,用"口"宣传。可摒弃有板有眼的官话,用农民群众喜欢听、感兴趣且听得懂的方式把中央精神、国家惠民政策传递在农民心中,落实到农民手中。如利用"大喇叭"走街串巷宣传,使其回荡在广袤的农村大地上。再次,用"台账"记录农民群众所需所求。要对农民群众的生活情况、思想状况及时记录、随笔写下,为开展思想政治工作"赋能"。最后,用"心"连心。只有以真心、真诚的态度为农民群众考虑,为农民群众着想,农民群众才会记在心里,用实际行动回馈。新时代,要以脚力、眼力、脑力、笔力等"行为"载体书写农村思想政治工作新篇章。

(二)"引擎"载体让新时代农村思想政治工作"活起来"

当今时代,互联网已经成为信息传播和沟通的主要途径之一,加强农村思想政治工作也需要积极拥抱互联网和新媒体。网络优势在于信息快速、互动性强、传递范围广,可以快速且有效地传达新思想、新观点、新政策,对开展农村思想政治工作具有重要的推动作用。具体来说,在利用网络推进农村思想政治工作时,也需要注重落实"群众路线",聚焦农民群众需求,让农民真正感受到思想政治工作的实际效果。同时,在创新工作方法上,需要加强网络技术的运用,搭建更为便捷的学习、交流、互动平台，让农民群众更轻松地获取信息和参与交流。此外，为了确保网络平台上的话语体系清晰明了，需要规范网络用语，切实建立起网络宣传话语体系，营造健康良好的舆论环境，增强网络对农村思想政治工作的正面影响。只有这样，农村思想政治工作才能更加精准、高效地向前推进。

（三）"隐形"载体为新时代农村思想政治工作注入新活力

农村文化建设对于推动农村思想政治工作的发展，起着重要的作用。在推进农村文化建设的过程中，需要关注以下几个方面：首先，注重挖掘和发扬当地具有地方特色的文化元素。不同地区都有各自独特的历史文化，这些文化元素可以成为推动本地区文化建设的重要资源。需要加强对当地文化的挖掘，保护和发扬好当地文化。同时也可以把当地的文化故事通过新媒体的方式进行传播，吸引更多的年轻人关注本土文化，从而起到宣传和传承本土文化的作用。其次，需要注重提高农民文化素质。农村思想政治工作的目标是要引导群众走向正确的道路，而这就需要农民自身具有高素质的思想和文化水平。需要通过各种方式提高农民的文化素质，让他们掌握现代化的知识和科技，从而保证农村社会发展的未来。另外，需要鼓励和推动一些有影响力的文化活动，以此来提高农村社会的文化氛围。比如，可以组织一些文艺活动，举办一些体育比赛，或者是组织一些文化讲座等。这些活动可以让更多的农民积极参与进来，搭建一个彼此交流、学习、交友的平台，从而促进社会的发展和进步。最后，需要加强对文化教育的普及。在农村社区中，可以设立一些文化教育中心和图书馆等文化机构，让农民能够方便地接触到各种各样的文化知识资源。此外，也可以通过非常规手段，如在农村集市上，设立"文化墙"，张贴一些关于科技、文化和其他方面的知识，让农民更加了解当下的世界，增强他们的文化认知能力。

第三节 完善农村思想政治工作机制

习近平总书记强调，做好宣传思想工作必须全党动手。新时代农村思想政治工作同样需要形成强大推进合力。加强党的领导，需要夯实组织基础、建强工作队伍、加大保障力度，完善基础设施、健全规章制度，推进工作规范化，不断提高农村思想政治工作科学化、规范化水平，奋力开创新时代农村思想政治工作崭新局面。

一、增强农村思想政治工作的制度优势

为了促进农村思想政治工作的健康发展，我们需要完善农村思想政治工作机制建设，制定具有实施性和可操作性的方案和制度。这样做有助于确保农村思想政治工作的长期、稳定和有效开展，推进农村的现代化进程。为了做到这一点，一些措施是必要的。首先，我们需要建立全方位、多层次的农村思想政治工作机制。这个机制应该包括政府、社会组织和农民等群体的各个层面。其次，我们需要完善激励机制和保障机制，推动农村思想政治工作的开展。例如，提高农村思想政治工作的经费投入，为农村思想政治工作者提供更好的工作环境和福利保障等。加强对农村思想政治工作的规范，需要建立健全的制度、规章和操作规程，完善农村思想政治工作的组织体系，建立领导核心和参与者的角色分工和配合机制，同时加强对农村思想政治工作的考核和评估，建立有效的绩效考核机制，定期开展评估和反馈，以实现工作目标。此外，可通过建立激励机制，包括采用多种多样的奖惩措施，对为农村思想政治工作做出突出贡献的人和组织给予奖励和表彰，同时对不履行职责、影响工作的人和组织进行惩戒。可

建立良好的渗透机制和宣传机制，通过多种途径将党和政府的政策和指导思想深入到农民群众中，发挥党组织和干部的带头作用，在乡村振兴建设中做好思想政治工作，推动乡村振兴战略的实施。这些措施都有助于推进农村思想政治工作的发展。

（一）建立健全农村思想政治工作的管理运行机制

这部分内容包括建立健全农村思想政治工作的管理体制、激励和约束机制等，这有助于提高农村思想政治工作的质量和效率，确保工作开展有序、高效和规范。同时，这也能够推动乡村振兴战略的有效实施，达到国家长远发展目标。为了建立有效的农村思想政治工作管理体制，需要科学评估当地的资源状况和需求，根据当地实际情况制定整体工作规划，明确工作职责和任务分工，通过完善人员配备和岗位设置等规章制度进行规范管理。

在健全工作运行机制方面，农村思想政治工作的发展离不开科学合理的规划和策划，还需要注重组织协调、信息共享和经验总结交流等方面，以确保工作运行的高效性和协同性。同时，对于工作激励机制，除了涵盖利益驱动、政令推动、社会心理推动三个方面之外，还需要注重员工职业发展规划和薪酬激励等方面，以激发员工的工作热情和积极性。最后，对于工作约束机制，除了依靠制度进行约束之外，还需要注重教育和培训，加强道德建设，不断完善各种监管措施，建立健全的监督机制，以确保工作开展的规范性和合法性。

（二）建立健全农村思想政治工作的监督考核培训机制

制定农村思想政治工作的管理制度和规范，建立健全考核问责机制，明确工作任务和职责，提升工作的透明度和规范性。同时，建立规范的信息管理系统，准确记录重要工作进展和农民群众的意见反馈，及时发现和解决工作中存在的问题，提高工作的反馈机制和运作效率。加强宣传机制,农村思想政治工作重在宣传,要加强对政策和宣传工作的科学性、真实性、实效性的评估。通过多途径、多渠道的方式对农民群众普及新的政策法规,传播正确的价值观和思想理念,提高农民群众的思想素质和政治文化水平。

(三)建立健全农村思想政治工作的激励机制

具体来说,可以采取以下几种激励机制:第一,物质激励。通过发放奖金、福利、鼓励费等,以激励工作队伍和农民群众在农村思想政治工作中取得优秀成绩,鼓励积极参与。第二,精神激励。通过表彰、写出优秀事迹、发表获奖文章、颁发荣誉证书等方式,强化工作队伍和农民群众的成就感、荣誉感、自豪感等。第三,职业发展激励。包括为工作队伍设立发展空间和晋升机制,鼓励队伍成员通过自身的不懈努力和积极参与农村思想政治工作,促进个人职业发展。第四,管理激励。通过采用严格的管理措施,重大事项要经过集体研究、讨论和决策,引导工作队伍发挥创造性,激励工作队伍践行为民服务的精神。

通过以上激励机制的实现,可以更好地促进农村思想政治工作的开展,进一步激发工作队伍和农民群众的工作积极性和创造性,推动乡村振兴和全面建设社会主义现代化国家。

1. 坚持物质激励与精神激励相结合

坚持物质激励与精神激励相结合是农村思想政治工作激励机制的重要原则。精神激励可以让人们的荣誉感得到满足,适当配套的物质激励则能增强人们的这份荣誉感,进一步调动他们的积极性,能起到良好的示范作用。为保证激励机制发挥最大作用,必须建立科学客观的考核标准。只有通过合理的评估指标和方法,才能真正做到公平公正,确保激励机制的科学性、公正性和有效性。此外,建立及时的反馈机制,对工作队伍和农民群众当下的贡献进行及时的肯定和鼓励,同时,以此为基础进一步进行更高层次的考核和激励，从而提升工作队伍和农民群众的工作热情和积极性。可以说，科学客观的考核是建立有效激励机制、提高农村思想政治工作水平的关键之一。

2. 坚持环境激励与情感激励相结合

实际上，优化工作环境、营造良好的工作氛围，也是现代组织管理中的重要手段之一。对于农村思想政治工作队伍来说，优化工作条件，改善办公设施和提高信息化水平，可以提高工作效率和减轻工作负担，从而激发工作热情和积极性。而围绕农村文化底蕴、文化特色等方面开展精神文明建设工作，则可以提高乡村居民的文化素养和个人修养，进而激发群众的自发性和自我管理能力，这对于推进乡村振兴和社会主义新农村建设具有重要意义。同时，对于农村思想政治工作队伍自身来说，激励队伍的内在动力，调动积极性，很大程度上也需要通过情感激励来实现，这将有助于提高队伍的凝聚力和忠诚度，真正形成一个高效有序的工作团队。

3. 建立健全农村思想政治工作的保障机制

完善农村思想政治工作保障机制，能够为农村思想政治工作的开展和有序运行提供必要的保障，这将有助于提高农村思想政治工作的质量和效率，推动农村地区的综合发展。在组织保障机制方面，我们需要加强对农村思想政治工作组织的建设和管理，提高工作的协调性、连续性和稳定性；在物质保障机制方面，我们需要加强对农村思想政治工作的投入，提高工作的物质基础保障，包括资金、设备和场所等方面的保障；在合力保障机制方面，我们需要加强对社会力量和资源的整合和调动，充分发挥各方面的积极性和创造力，为农村思想政治工作提供全方位的支持和帮助。同时，在推进保障机制建设过程中，需要注重法治化建设，明确权力与责任，加强监督与评估，确保机制的公平、公正和透明，从而推动农村思想政治工作体系的不断创新和可持续发展。

(1) 组织保障机制

农村思想政治工作是有组织、有计划地提高农民思想政治觉悟、培养农民良好思想品德的实践活动。党的农村思想政治工作主要是通过农村基层党组织开展的。因此，在思想政治工作的要素中，农村基层党组织是农村思想政治工作的主要主体，农村思想政治工作的组织保障也主要指农村思想政治工作主要主体的保障。要保证农村思想政治工作正常、有序地进行，首先要解决"谁来做"的问题，该问题不解决，思想政治工作无从谈起。农村的各级党组织都承担着思想政治工作的责任，都是农村思想政治工作的主体，其中最主要的是工作在第一线的农村基层党组织，是基层党组织书记，他们是农村思想政治工作的第一责任人，他们解决的是农村思想政治工作"最后一公里"的问题。

(2) 物质保障机制

农村思想政治工作得以有序开展离不开必要的物质保障，构建农村思想政治工作物质保障机制需要做好以下工作：

第一，加强农村文化建设。文化是人类创造的精神财富，是民族固有的历史传承与生命积淀，是一个民族生存和发展的力量源泉。农村文化建设是一项长期而艰巨的任务，需要各级党组织的领导，需要全体农民积极参与。加强农村文化建设，一方面，要注重挖掘和传承当地的优秀传统文化。在挖掘民间文化中，可以组织当地居民展览、讲堂、讲座、培训等文化活动，从而提高农民的文化素质，增强他们的文化认同感。同时，也可以采取引进外来文化的方式，如建立农村艺术团体、开展文艺比赛等，从而拓展农民的文化视野，提高文化素养；另一方面，要注重加强对青少年的文化熏陶。在当前农村文化建设的过程中，应该着重加强对青少年的文化熏陶，强化其道德教育和家庭教育，提高责任感和公民意识，培养他们的良好思想品德。同时，应该加强青少年的文化娱乐活动，如开展文艺比赛、读书活动、影视展映等，丰富他们的业余生活，同时也促进了农村思想政治工作的开展。

第二，加强农村宣传教育。宣传教育是农村思想政治工作的重要组成部分。加强农村宣传教育，一方面，需要适应新时代的要求，采取新的方式方法，注重媒体宣传和网络宣传，提高信息化水平和传播力度；另一方面，也要注重加强村级平面、口头宣传和现场教育，充分发挥乡土文化的独特魅力和生动形象，提高宣传教育的实效性和群众参与度。同时，加强农民文化素质的培养，提升他们的信息获取和分析能力，增强他们的批判思维和能动性。

（3）合力保障机制

农民思想问题的产生、变化、发展受到多重因素影响，非常复杂，由此决定了农村思想政治工作也是一个复杂的工程。农村思想政治工作的实施需要各级党委的统一领导，各方面力量的积极配合。因此，做好农村思想政治工作必须形成一个目标明确、关系协调、职责共尽、重任共担、齐抓共管、有机联系的工作格局，这就是农村思想政治工作的合力保障机制。构建农村思想政治工作合力保障机制需要做好以下工作：

一是加强队伍建设，提高农村思想政治工作者的综合素质和工作能力。农村思想政治工作者的队伍是农村思想政治工作的重要基础和支撑。要加强队伍建设，从选人用人上入手把好质量关；对干部进行全面、多层次、多角度的培训和锻炼，提高他们的综合素质和工作能力；完善激励机制，让优秀的农村思想政治工作者成为矢志发展农村事业的先锋、模范和表率，为农村工作开创新局面作出更大的贡献。

二是强化督促检查，确保农村思想政治工作落地见效。农村思想政治工作是一个系统工程，需要各方面的通力合作、精心谋划、周密落实。党委、政府要把农村思想政治工作作为一项重要工作来推进，各级部门要积极配合，统筹推进。同时还要建立完善的监督机制，及时发现和解决问题，做到督促检查及时、问责到位，以确保农村思想政治工作的真正落地见效。

(四）建立健全农村思想政治工作的调控机制

完善农村思想政治工作调控机制，就是利用政策、制度、监督、管理等手段，组织好、协调好、部署好农村思想政治工作各个部分，达到部分之和大于整体的效果。

1. 实行目标管理

目标管理和责任清单可帮助实现农村思想政治工作的科学化、规范化和制度化。以目标和责任为导向，有助于明确各个职能部门和思想政治工作者的职责和任务，排除工作盲区，提高工作效率和成效。同时，建立一个自我约束、相互监督的责任制体系，有利于推动思想政治工作的长期稳定发展，为促进农村综合发展做出更大的贡献。

2. 健全反馈体系

信息反馈对于领导者和思想政治工作者来说都至关重要。及时、准确的信息反馈能够稳定和提高工作效率，将贯穿于整个农村思想政治工作的决策、实施和调节过程中。通过信息反馈，可以及时了解农民群众的需求和反映，及时对工作进行迭代和调整，从而更加贴近农村群众的实际需求。相反，如果信息反馈不顺畅，领导和工作者可能会做出偏离实际需求的决策，甚至可能导致工作失误。因此，要构建一个畅通有效的信息反馈体系，包括各种途径和渠道，确保信息的高度透明和双向流通。同时，要对反馈信息进行科学分析和处理，及时研判社情民意，协调各方面资源，从而形成一个动态调整和迭代的农村思想政治工作调控体系。

（五）建立健全农村思想政治工作的评估机制

农村思想政治工作评估机制指通过建立农村思想政治工作效果的反馈系统，对思想政治工作的内容、方法及实际效果进行评估，培育评估机制的导向、激励等功能是农村思想政治工作制度化、规范化必不可少的环节。当前，建立一套科学公正、可操作性强的评估机制必须要回答好谁来评估和怎样评估两个问题。

一方面，要合理组建评估队伍。形成以上级领导、农村思想政治工作者、农民群众组成的农村思想政治工作评估队伍，多角度、全方位评估农村思想政治工作。首先，上级领导作为农村思想政治工作的领导者和监督者，应综合考虑农村思想政治工作过程中的具体开展情况、任务完成度和实际效果对其进行评估，肯定其工作中的成果，正视存在的问题，并在后期工作中有针对性地加强监督和领导。其次，农村思想政治工作者是开展具体工作的动作发出者和执行者，是整个思想政治工作过程的组织者，应严格对照目标任务和工作中的实际情况积极开展自评，实事求是。最后，广大农民群众是农村思想政治工作的直接对象，思想政治工作抓得实不实、做得好不好，农民群众最有发言权，在具体的思想政治工作过程结束后，可采取随机抽查和问卷调查的方式开展群众评估，畅通反馈渠道，听取群众意见，接受群众监督。

另一方面，要遵循科学客观的评价原则。农村思想政治工作评估必须遵循一定的原则，才能发挥其积极作用。首先是定性与定量相结合的原则。农村思想政治工作是做人的工作，是复杂多样的，对于宣传教育、会议活动开展次数等可以量化的就严格按照相关文件和上级要求进行考核，但对宣传教育效果等是不能直接量化的，因此要坚持定性与定量相结合，更好地把握农村思想政治工作的质与量，使评估结果更加科学。其次是静态与动态相结合的原则。一个具体的思想政治工作过程和一个人思想动态的变化都要经过一个过程，因此在评估农村思想政治工作的效果不能只片面地看结果，还要考虑整个思想政治工作过程前后的工作对象的思想变化和对具体工作内容的接受程度，做到动静结合、科学评价。最后是特殊性与综合性相结合的原则。在评估农村思想政治工作时，要结合具体工作内容确定重点考核指标，如评估政策宣传活动的效果则应将群众对宣传教育内容的掌握和践行情况作为主要指标，突出重点。同时，思想政治工作是一个系统性的工作,其效果的发挥会受到工作环境、工作对象和客观物质条件的影响。因此,在评估思想政治工作时也要综合考虑客观条件对思想政治工作的影响,客观公正进行评估。评估是思想政治工作的最后一个环节,标志着一个具体的思想政治工作过程的结束,同时也为下一个思想政治工作的开始奠定基础。

(六)建立健全农村思想政治工作的渗透机制

评估机制的建立有助于促进农村思想政治工作的制度化和规范化,增强工作的针对性和实效性,提高农民群众的信任和认可度,推动农村综合发展。同时,评估机制还应强调科学客观的评价原则,合理组建评估队伍,突出重点,综合考虑客观条件等方面,从而最大限度地发挥评估机制的作用。另外,在建立评估机制的过程中,应该注重促进参与者的积极性和主动性。例如,可以充分发挥优秀农村思想政治工作者的示范作用,激发其他工作人员的干劲和创造力;可以开展一些互动性强、具有参与性的活动,让农民群众更加积极地参与到评估工作中来,共同推动加快农村思想政治工作的发展。

(七)建立满足群众需求的反馈机制和农民群众参与机制

满足群众的需求和诉求,是检验和判断农村思想政治工作成效的方法。一是建立动态监测机制。动态监测机制可以实现对农民群众的情况进行实时跟踪和了解,及时调整农村思想政治工作的方向和方式,对于保障农村思想政治工作高效有力地开展起到了重要作用。满足农民群众的需求和诉求是农村思想政治工作的核心任务之一,因而建立反馈机制非常重要,通过与农民群众广泛互动,了解他们的想法和需求,制定相应的工作计划和政策,进一步增强农民群众的获得感和归属感。二是构建农民群众参与机制,让农民群众与农村思想政治工作深度融合,让农村思想政治工作更加深入基层、全面、贴近、实效。

二、提升农村思想政治工作的工作方法

农民思想教育和思想转化的重要桥梁就是要创新工作方法。只有搭建好、筑牢好桥梁且方法得当,那么就能事半功倍。新时代做好思想政治工作,要运用理论灌输与实践养成相结合、运用典型示范实现自我教育以及注重农民需求与农村发展相结合的方法,有效培养新时代高素质农民。

(一) 注重理论灌输与实践养成相结合的工作方法

理论灌输,顾名思义,就是一种理论教育,它具有目的性和计划性,能够在理论教育的过程中一步一步引导农民群众树立正确的"三观"。农民的思想教育和思想转化,是需要通过理论学习、形式多样的宣传和教育,并加之以引导的方式使其内化为农民的意识。但由于传统的教育方式并未改变,很多农村思想政治工作者在教育农民群众时,惯用简单生硬、生搬硬套、强行硬灌的方法,却没能真正把"流水引导到所需之处",使得农民群众只是成为思想和理论的吸纳容器,并不能促使思想政治工作得到应有的成效。因此,我们要不断创新和改革工作方式,懂得规避传统说教、"上政治课"和"讲大道理",有效避免"蜻蜓点水""走马观花"式的形式主义,真正使农村思想政治工作者做到脚下沾满"泥土气",身上也能褪去"书生气",切实把工作做到农民群众的心尖上。同时,实践是检验思想的最好方法,只有让农民群众亲身体验到自己掌握的理论和思想在实践中的作用和价值,才能真正形成信仰和意识,并带动整个农村社会的发展。此外,现代化的形式多样的宣传和教育方式,也是推动思想政治工作有效发展的重要手段。比如,我们可以利用智能手机、电视等媒介,开设在线课程、推出专题微信号,开发课件、资料包等具有时尚感、互动性和趣味性的数字教育产品和服务,吸引农

民群众的关注和参与,让他们在休闲娱乐之余也能接受知识和思想的灌输。最终,要贯彻"以人民为中心"的发展思想,让农村思想政治工作真正聚焦群众需求,以群众的情感和利益为出发点,不断创新和改革工作方式,使农民群众能够真正体会到思想政治工作对于自身精神文明建设乃至社会发展的积极作用。

(二)运用典型示范实现自我教育的工作方法

习近平总书记强调,做好思想政治工作,要善于学习和宣传先进典型,讲好新时代先进典型故事。新时代涌现出一批先进典型人物和故事,以生动的实践为农民群众诠释榜样的力量。因此,先进典型示范成了提高农民群众思想意识的重要工作方法。通过学习典型,可增强农民群众对先进典范的效仿意愿,激发农民群众对乡村的思想认同和情感共鸣。首先,先进典型并不是"秀"出来的,他萌生于群众之中且群众基础雄厚。因此,要慎重选择典型。一方面要以正面典型作为主要方法,突出其积极的宣传教育意义;另一方面不能忽视反面典型,而是要发挥其警醒教育作用。只有采取两者相结合的工作方法,将"不利"变"有利"、"消极"变"积极",才能真正使思想政治工作在宣传思想和教育群众方面作用明显。其次,要善于用农民群众看得见、摸得着的先进典型来教育引导群众。在农村,一旦有农民思想觉悟高、做事风格好,大家会纷纷模仿和学习,这样村里就会形成一种良好的社会风气,在无形中影响其他群众的思想和行为。如脱贫攻坚事业中做出伟大贡献的先进个人、集体;如"跌不倒的养蜂人"崔建存、勤劳致富的李秉梁;如山东省平邑县咸家庄村沂蒙六姐妹托起扶贫车间等先进案例,利用其表率和示范作用,促使农民群众"内化于心、外化于行"。最后,要以农民群众周围的先锋人物和先进事例为基础,引领群众自我教育。正所谓"他山之石,可以攻玉",身边的榜样更能给予自身力量。因此,可用群众身边的典型人物,如在山西省柳林县小成村从"护工"到"老板"的马金莲;"当代女愚公"邓迎香和党支部书记李君等先进典型向广大农民群众宣传,以达到育人目的。

(三)注重农民需求与农村发展相结合的工作方法

离开农民群众利益的思想政治工作是毫无说服力的。正所谓"天下攘攘,皆为利往"。做好农村思想政治工作,就不能离开农民群众的利益去分析和解决其思想上的问题,应该在满足其物质利益的基础上进一步提高其思想和素质。农村思想政治工作既要注重农民个体的利益,也要注重整体利益。

农民实现"自我改造"的两个内在动力,是物质需求和精神需求的不断提升。但是农民的需求是否与农村社会的发展相适应是需要了解和分析的,因为它关系农民是否能够充分发挥主动性。因此,要注重农民群众的需求与农村发展相结合的工作方法。首先,要"把脉问诊"。充分了解和掌握农民群众的需求,是促进农村发展的重要基础,多样化的需求意味着要有针对性和精准性。但在农民的需求思想中,部分农民有落后或者超越农村社会发展的趋势。为此,农村思想政治工作者要开展实地调查研究,深入农民群众,了解农民群众难点问题,瞄准农民思想动向,为农村思想政治工作前期准备工作。其次,要对症下药。对于农民需求存在合理与不合理之分,要区别对待。如针对部分农民不合理、不正当的需求,要采取批评教育的方法,用农民群众听得懂、吃得透的道理阐明其需求不合理的原因,引导农民群众树立正确的需求观念;针对农民合理的需求,要采取激励式的教育方法,尽量客观地满足农民群众的合理需求和帮助农民群众克服实际困难,引导农民群众向好的地方发展。这样才能做到"药到病除",真正解决农民群众的需求问题。最后,要注意工作态度。新时代要充分发挥"情"的"血肉"和"理"的"灵魂"作用,有效解开农民思想"疙瘩"和治疗其思想上的"顽疾"。在做思想政治工作时,对农民群众保持诚恳的态度,坚持"以情感人"

的作风，增强工作感染力和说服力，激发两者之间深厚情感基础。与此同时要坚持"以理服人"的工作方法，跟群众摆事实、讲道理，从而达到鼓舞农民群众干劲和激发工作热情的目的。

第四节　提升农村思想政治工作队伍素质

一、激活农村思想政治工作的人才队伍

"人"是农村发展和振兴的重要因素，必须为农村思想政治工作"打造一支政治过硬、本领高强、求实创新、能打胜仗"的队伍。

（一）夯实现有工作队伍，全面提升队伍能力

建设一支专业化、高素质的农村思想政治工作队伍，是实现农村综合发展的必要条件。在队伍建设方面，我们可以从以下几个方面入手：

首先，要优化人员结构，确保人员适龄适岗，发挥每个人的最大潜力。可以通过培训、学习和交流等方式，提高村干部的综合素质和专业能力，同时吸纳专业人才和志愿者参与到农村思想政治工作中，以凝聚共识、推动工作。同时，可以采用分组负责的方式，形成任务明确、细分明确、责任明确的工作组机制，强化农村思想政治工作的专业性和科学性，提高其实效性。

其次，要加强理论和思想教育，引导农村思想政治工作人员不断提高自己的思想政治素养和实践经验，增强他们的发展能力和威信度。可以通过开展全面系统的培训、学习和讨论等，提高村干部的政治觉悟、理论水平和业务素质，加强对工作的认识和理解。

最后，要建立严格的队伍管理机制，包括考核、评定、奖励和惩戒制度。在队伍管理方面，可以注重队伍建设的系统性和长效性，强化政治学习和政治考核，进一步完善制度体系，强化党的领导和制度约束，使队伍建设和工作能够有效推进。此外，还需加强对工作合规性的监督和管理，加强对农村思想政治工作队伍人员的经济待遇和职业生涯规划，形成保障农村思想政治工作队伍人员稳定、有序发展的机制。

（二）党建领航，强化农村基层党组织的战斗堡垒作用

习近平总书记强调："做好宣传思想工作必须全党动手"。作为农村工作的重要基础，党组织的政治引领和服务功能越发凸显。为此，可创新农村基层党组织合作模式。第一，多村共建党支部。由于地域和行政规划，农村各地区经过长时间的摸索和实践，已经形成了各自的体系。正因为这样，农村思想政治工作就会出现"以村为主""画地为牢"的局面，很难获得可持续发展。因此可创新以优带弱、优劣结合的方式，实施多村共建党支部，促进村与村之间、村两委之间的交流互鉴，形成优势互补的叠加效应，避免"一村一经"，实现同步发展。第二，"党建"为思政工作保驾护航。"火车跑得快，全靠车头带"这句话生动阐释了党组织是一个领导核心，基层党员干部是中坚和骨干。因此，要狠抓"关键少数"，激活"红色细胞"参与农村思想政治工作的政治意识、责任意识、领导意识和服务意识，做好带头学、带头讲、带头用的模范作用，促使群众主动参与，实现"以人带人"和"以伍带伍"。第三，可优化农村基层党组织领导队伍。如建立一支多位一体的领导体系和干部队伍，以乡镇党委领导、农村党支部牵头、党员团员为骨干、"五老"群体和其他组织为桥梁致力于农村思想政治工作事业。

（三）汇聚基层各力量，构建参与农村思想政治工作的大格局

做强农村思想政治工作，需要充分调动有利因素，团结一切力量，

努力实现为人民服务的目标。新时代，做好农村思想政治工作，需要多个部门、多个组织共同努力、相互作用。基于此，解决人员短缺问题，需要从多方力量着手，共同加强农村思想政治工作，提升工作质量。首先，政府要充分发挥组织引导、制度供给的作用，强化政府职能、转变角色。同时要给予一定的人力、资金、技术等资源的投入和支持，为农村思想政治工作的开展提供保障。其次，要为相关工作部门创设有利的条件，吸引、鼓励和支持志愿者等其他公益组织加入和致力于农村思想政治工作发展的事业中来，培养一批志愿者服务队伍。最后，在乡土文化人才中培养一支以文艺工作者为主体的轻骑兵队伍和志愿服务队伍，在广大农村地区开展文化娱乐活动，与农民群众一同享受新时代农村发展成果。

（四）把握农民群众这个群体，发挥农民群众内生动力

实现农村农业现代化需要有一支能够承担任务的高素质人力资源队伍，而农民群众是其中不可或缺的一部分。因此，如何充分调动农民积极性，让他们融入农村思想政治工作中去，是关键所在。

首先，我们要切实加强对农民群众主体意识的培养，让他们意识到自身的重要性，并明确自己的责任和义务。其次，我们要从农民群众自身出发，充分了解他们的需求和诉求，帮助他们解决实际问题，增强他们的参与意愿。再次，建设高素质农村人才队伍，加强对农民群众思想政治工作队伍的培训和管理，构建全方位、多层次的农村思想政治工作体系，也是实现农村农业现代化的关键一环。

最后，我们需要在具体实践中，让农民群众感受到参与农村思想政治工作的意义和价值，以此增强他们的内生动力，促进他们更加积极地参与到农村现代化建设中。

二、加强队伍建设

队伍建设是农村思想政治工作有效开展的人力保证。思想政治工作者自身的思想道德素质和工作能力既是衡量其是否称职的重要依据,也是农村思想政治工作能否取得实效的重要保障。要按照提高素质、优化结构、作风优良的要求,组建一支懂"三农"、会抓"三农"、是抓"三农"的行家里手的农村思想政治工作队伍,满足农村各项事业发展对思想政治工作的需要。

(一)优化队伍结构

目前农村思想政治工作主要依靠乡镇干部兼职开展,对其工作量与工作的质量都存在很大的挑战。建立"专职为主,专兼结合"的工作队伍可以有效提高农村思想政治工作队伍的专业性和实效性。同时,加强农村思想政治工作队伍储备人才的培养,确保农村思想政治工作得以长期、稳定、高效地开展,对于促进农村现代化建设也具有重要意义。除此之外,还需进一步加强农村思想政治工作队伍发展的规划和建设,注重提高工作队伍的业务素质和工作水平,激励更多的有志之士加入到农村思想政治工作的队伍中。

(二)提升队伍能力

思想政治工作队伍自身的能力是农村思想政治工作质量的重要保障。"以教人者教己",农村思想政治工作队伍必须加强自身能力建设,丰富自己的知识储备,首先,要加强理论学习,强化理论武装,加强对习近平新时代中国特色社会主义思想以及党和国家的有关文件的学习,深入理解和领会党和国家的最新理论成果,掌握马克思主义基础理论知识、从事思想政治工作的专业知识及其他开展常规工作的基本知识,丰富知识储备,优化知识结构。其次,要提升工作技能。思想政治工作是做人的工作,掌握良好的表达、协调、指导、调研等工作技能可以使农村思想政治工作达到事半功倍的效果。最后,要定期开展培训,以县(区)为单位,定期组织开展思想政治工作队伍培训会,确保思想政治工作者理解和掌握工作内容,丰富和更新理论储备,开展经验交流,确保工作顺利开展,不断提升农村思想政治工作队伍的能力。

(三) 加强作风建设

"其身正,不令而行;其身不正,虽令不从"。农村思想政治工作直接面向广大农民群众开展工作,工作队伍时刻接受群众的检验和监督。因此,思想政治工作队伍必须首先加强自身建设和管理,才能得到工作对象的信服和支持。首先,要端正工作态度,消除思想政治工作"过时论"和"无用论",理解和领会农村思想政治工作"生命线"地位的深刻内涵,把握思想政治工作在乡村振兴过程中的重要地位和作用,树立做好做实思想政治工作的信心和决心。其次,要坚定全心全意为人民服务的工作原则和党的群众路线,坚持以人为本,在工作中维护好农民群众的切身利益,密切与群众关系;最后要严于律己,改进工作作风。"工作作风上的问题绝对不是小事,如果不坚决纠正不良风气,任其发展下去,就会像一堵无形的墙把我们党和人民群众隔开,我们党就会失去根基、失去血脉、失去力量。"正确认识和处理好农村思想政治工作中的作风问题,加强自身作风建设,才能更好地贴近和服务于农民群众、发挥其作用和效能。在工作中,思想政治工作者应该以人民为中心,站在群众的角度思考问题,真心实意地关心农民群众,始终保持良好的精神风貌和工作作风,向农民群众发出正确的思想政治工作的声音。同时,我们还需要加强执纪问责,严肃查处和处理侵害人民群众利益的行为,并加强思想政治工作的评估和考核机制,规范思想政治工作队伍的日常工作。只有这样,才能进一步提高农村思想政治工作的质量和水平,推动乡村振兴战略落到实处。

(四) 加强队伍建设，坚持集体领导与个人负责相结合

为加强思想政治工作的有效性首先必须要加强思想政治工作主体队伍的建设，除了村干部外，还应该吸纳其他主体参与到思想政治工作过程之中。另外，在强化队伍建设的同时还要明确权责，坚持集体领导与个人分工负责相结合，充分调动起积极性。

1. 加强思想政治工作队伍建设

思想政治工作者是思想政治工作的主体，其素质和能力关乎思想政治工作的实际效果。这就要求培养一支有能力担当、懂"三农"知识和农民生活的思想政治工作队伍。首先，要发挥新乡贤在思想政治工作中的作用。在传统国家时期，乡村治理的特点可以概括为"国权不下县，县下惟宗族，宗族皆自治，自治靠伦理，伦理造乡绅。"在传统的礼俗社会之中，乡绅掌握着教化的权力，对群众的言行举止和伦理道德都有着很强的规范性作用。到了近现代，建设现代化国家的努力使得国家以行政权力逐渐取代了"士绅"阶层的礼治权威。但权力的更替是一个长期的过程，因而也在客观上造成了农村"旧者已亡，新者未立"的局面。当前，农村正处于礼治意识缺失和法治意识尚未构建完成的"空档期"，在德治与法治完成融合之前迫切需要乡贤再次发挥作用。2014年，中宣部部长刘奇葆强调，在践行社会主义核心价值观的过程中，要发挥新乡贤的示范引领作用。不同于旧时期的乡贤，新乡贤主要指在新的时代背景下有资财、有知识、有道德、有情怀，能影响农村政治经济社会生态并愿意为之做出贡献的贤能人士。2018年出台的《关于实施乡村振兴战略的意见》中也提到了要"积极发挥新乡贤作用。"新乡贤比传统乡贤更具备理性的法治思维、现代化知识、科学的新思想，因而能够在农村思想政治工作中发挥出一定程度的思想引领、组织协调、榜样示范、改革创新的作用。所以，积极发挥新乡贤的作用是全面实施乡村振兴的必然要求，是破解乡村人才瓶颈的必然

要求，有利于提高农村思想政治工作效率，促进乡村振兴战略的贯彻落实。因此，村干部在工作中要筛选出一批愿意为家乡发展出谋划策的"新乡贤"，要把这股有生力量组织起来并充分利用。

2. 坚持思想政治工作集体领导与个人分工负责相结合

乡村振兴需要加强思想政治工作的引领作用。当前，并不是所有的农村基层都有专人负责思想政治工作，在农村基层，思想政治工作一般都由村委或支委成员兼职负责，更有甚者是集体负责。在管理学领域，只有集体决策而没有集体负责的概念。因为集体负责只会造成推诿扯皮，降低管理的效率。所以，只有各部门事权界限明确，才不会带来管理上的混乱。基层治理亦是如此。邓小平同志在关于党的建设相关问题上强调过："我们主张巩固集体领导，这并不是为了降低个人的作用，相反，个人的作用，只有通过集体，才能得到正确的发挥，而集体领导，也必须同个人负责相结合。没有个人分工负责，我们就不可能进行任何复杂的工作，就将陷入无人负责的灾难中。在任何一个组织中，不仅需要分工负责，而且需要有人负总责。"① 因此在农村思想政治工作之中，必须坚持集体领导与个人分工负责相结合的制度，而非单纯的集体负责制。集体领导与个人分工负责相结合能够有效解决推诿扯皮现象，提升思想政治工作的效用。

具体而言，集体领导和个人分工是确保工作高效推进的关键。基层党组织是实现党的领导的前沿阵地，需要充分发挥党组织在思想政治工作中的核心作用，特别是在推动乡村振兴战略中扮演关键角色。此外，个人分工也非常重要，让工作和责任具体落实到每一个人，让每个人都对自己的任务有充分的认识和责任感，才能进一步提升农村思想政治工作的效率。

---

① 《邓小平文选》第 2 卷，北京：北京人民出版社 1994 年版。

三、新时代对农村思想政治工作者的素质要求

农村思想政治工作者的素质是指农村思想政治工作者开展思想政治工作所必需的基本条件。中国特色社会主义新时代、社会主义现代化国家建设对农村思想政治工作者的素质提出了新要求,主要是对政治素质、思想素质、道德素质、能力素质、媒介素养等提出新要求。

(一)政治素质

政治素质是指政治主体在政治社会化的过程中所获得的对其政治心理和政治行为发生长期稳定的内在作用的基本品质。思想政治工作是政治工作中的思想性部分和思想工作中的政治性部分的叠加、融合。[①] 政治性是思想政治工作的主要特性之一。因此,要求思想政治工作者必须具备较高的政治素质。只有政治素质过硬,才能确保思想政治工作目标得以实现。新时代提高农村思想政治工作者的政治素质方式主要包括:

第一,加强理论学习,提高政治素养。农村思想政治工作者需要具备扎实的理论功底和敏锐的政治嗅觉,才能够更好地为群众服务,为党的工作做出贡献。因此,要加强理论学习,不断提高政治素养。第二,注重实践锻炼,提高政治能力。农村思想政治工作者需要具备较强的政治能力,才能更好地贯彻党的方针政策,在实践中解决复杂问题。因此,在学习的同时,也需要注重实践锻炼,提高政治能力。第三,注重个人修养,提高政治品德。农村思想政治工作者需要具备高尚的政治品德和道德修养,才能够在工作中严格要求自己,为党和人民服务。因此,要注重个人修养,

---

[①] 陈万柏、张耀灿:《思想政治教育学原理》(第三版),北京:高等教育出版社2015年版,第3页。

不断提高政治品德。① 第四，加强团队建设，提高协作能力。农村思想政治工作者不是孤岛，需要与其他团队成员合作，共同完成任务。因此，需要加强团队建设，提高协作能力，实现更好的工作效果。

（二）思想素质

思想素质是指能够引起、推动思想这一有目的的意识运动并产生结果所必备的条件，包括思想观念、思想方法、思想作风等。思想政治工作者的思想素质是其开展思想政治工作的重要基础。思想素质高，则能深刻把握党的理论、方针、政策，以正确的观念和科学的方法指导思想政治工作实践，从而增强思想政治工作的实效性。新时代农村思想政治工作者的思想素质主要包括：第一，正确的思想观念。其包括坚定的对马克思主义的信仰，对社会主义和共产主义的信念，对中国特色社会主义道路、理论、制度、文化的自信；树立正确的世界观、人生观、价值观；具备反映时代特点和要求的价值观念、市场观念、法制观念、民主观念等。第二，科学的思想方法。其包括掌握马克思主义哲学的思想方法，坚持实事求是，具有战略思维、历史思维、辩证思维、创新思维、法治思维、底线思维。第三，严谨的思想作风。其主要包括实事求是的作风、民主的作风、批评与自我批评的作风、开拓创新的作风、艰苦奋斗的作风。

（三）道德素质

道德素质是个人通过道德教育和道德修养所形成的比较稳定的、能长期发挥作用的内在道德品质。道德素质一般包括道德认识、道德情感、道德意志、道德行为等。提高人们的道德素质是思想政治工作的目的之一，思想政治工作者要实现这个目的，首要的就是自己必须具备较高的道德素

---

① 《习近平新时代中国特色社会主义思想三十讲》，北京：学习出版社 2018 年版，第 312 页。

质。如果思想政治工作者自身存在道德失范行为,就会严重败坏思想政治工作者的形象,思想政治工作也不会有说服力。因此,道德素质是思想政治工作者开展工作的基础条件、前提条件。新时代农村思想政治工作者的道德素质主要包括:第一,明大德,即对党忠诚。具备鉴定的理想信念、锤炼坚强的党性,在大是大非面前旗帜鲜明,在风浪考验面前无所畏惧,在各种诱惑面前立场坚定。第二,守公德。强化宗旨意识,全心全意为人民服务,恪守立党为公、执政为民理念,自觉践行人民对美好生活的向往就是我们的奋斗目标的承诺,做到心底无私天地宽。第三,严私德,即严格约束自己的操守和行为,戒贪止欲、克己奉公。

(四) 能力素质

能力素质是指完成一项目标或者任务所体现的综合素质。从事的工作、承担的任务、追求的目标不同,对能力的要求也不同。思想政治工作者的能力一般包括,学习提高能力、调查研究能力、组织活动能力、说服教育能力、开拓创新能力。新时代农村思想政治工作者的能力主要包括:第一,调查研究能力。即善于从农民的言行洞察其思想状况,准确把握农民思想问题实质,做出正确判断的能力。第二,教育引导能力。即对农民群众思想困惑予以及时有效回应,善于疏通农民思想上的"堰塞湖",清除思想上"栓塞"的能力。第三,组织协调能力。即组织开展形式多样的活动,协调解决农民生产生活和实际困难的能力。第四,语言表达能力。即将官方政策转换成当地方言土语,深入浅出讲透道理的口头表达能力,文理通顺、言简意赅,具备逻辑严密的文字表达能力,善于运用手势、眼神、表情等身体语言的形象表达能力。

(五) 媒介素养

媒介素养是指人们面对传媒的各种信息时的选择能力、理解能力、质疑能力、评估能力、创造和制作能力以及思辨性回应能力。① 媒介素养是一个内涵复杂的概念，主要包括对媒介的认知，对媒介信息的接收、理解与评价，以及对媒介的使用与媒介信息传播活动的参与。概言之，媒介素养就是公众使用、分析、评价、创造媒介内容的能力。媒介素养是思想政治工作者在网络时代必备的素质。新时代农村思想政治工作者的媒介素养主要包括：掌握各种媒介基本知识，正确分析、筛选媒介信息，通过媒介开展思想政治工作的能力。

四、提高农村思想政治工作者素质的主要途径

面对加快社会主义现代化国家建设、实现城乡一体化、乡村振兴战略等重大历史任务，农村思想政治工作者必须加倍努力提升自身素质，以担起肩负的重任。素质提高主要从以下途径入手：

（一）加强学习增底蕴

"底蕴"一词，出自《宋史·范祖禹传》，通常指人或群体学识修养、精神修养的广度和深度。底蕴不仅决定着一个人或群体对事物的理解和驾驭能力，更重要的是只有具备深厚的底蕴，才能做到处变不惊，创造性地完成任务目标。底蕴不会与生俱来，是通过后天不断学习、实践长期积累而成的。思想政治工作者的底蕴内涵丰富，其中最核心的是理论功底。因此，农村思想政治工作者应该不断加强学习以增厚自身的底蕴，为综合素质的提高夯实基础。

第一，在建立健全培训体系方面，要注重针对不同岗位、不同层次的农村思想政治工作者进行分类培训，分别设置不同的培训课程和内容。对

---

① 《中国人民广播电台〈新闻纵横〉之调查》，海口：南海出版公司2004年版，第46—57页。

于新上岗的农村思想政治工作者，应当安排一定时期的基础培训和实践锻炼，让他们尽快适应新的工作环境和岗位要求。对于长期从事农村思想政治工作的老手，可以邀请外部专家进行高级研修，提升他们的专业素养和工作水平。此外，还要建立定期检查、评估和考核制度，确保农村思想政治工作者的培训效果和能力提高。第二，要加强农村思想政治工作者的自我修养。农村思想政治工作者要提高自身的综合素质和修养，才能更好地推动农村综合发展和乡村振兴。这包括政治品德、思想素质、职业道德、行为规范等方面的提升。

（二）深入实践提能力

实践的观点是马克思主义认识论首要的基本观点。实践是认识的来源，也是认识的目的。农村思想政治工作者素质的提高，不能坐而论道，必须在工作实践中锤炼。农村思想政治工作者要深入农民的生产生活实际，开展调查研究，把握新时代"三农"的特点和存在的问题。习近平总书记指出："调查研究是谋事之基、成事之道。没有调查，就没有发言权，更没有决策权。"[①] 研究农村思想政治工作问题，前提是进行全面深入的调查研究。在调研中提高看问题的眼力、谋事情的脑力、察民情的听力、走基层的脚力。进行调查研究应注重：

第一，注重理论学习和思想引领。农村思想政治工作需要有较为深厚的理论素养和丰富的实践经验，要经常学习和掌握新时代的理论成果和实践经验，不仅要与时俱进地掌握党和国家宣传思想工作的最新要求和思想理念，还要关注国内外重要理论文献和经典著作。第二，注重自我修养和团队建设。农村思想政治工作者需要注意个人修养和职业道德，注重提高素质和能力，做到道德修养、学识修养、心理修养、习惯修养等方面全面

---

① 《习近平关于全面建成小康社会论述摘编》，北京：中央文献出版社2016年版，第191页。

提高。同时，还需要积极建立一支高素质、高能力、高责任感的思想政治工作者队伍，注重专业化、团队化和综合化建设，营造良好的工作氛围和文化环境，提高工作效率和工作质量。

此外，还要明确破解农村思想政治工作问题的思路。思路是思考问题的脉络，是人的思维能力的集中体现。当出现问题需要分析解决时，思维主体总是自觉或不自觉地将平时贮存在头脑里的有关理论观念、信息、经验调动起来，并选用一个或几个思想理论作为分析问题的主导思想，确定思维的基本指向，然后形成解决问题的原则方案，这个原则方案就是我们所说的解决问题的思路。破解农村思想政治工作问题的思路，除了要以习近平新时代中国特色社会主义思想为指导，还应注重：

第一，紧密结合乡风文明建设，做好农村思想政治工作，坚持从干部入手，深化干部教育管理工作，加强干部队伍建设，注重提高农村基层干部的素质，培养高素质的基层干部队伍，确保乡村治理体系和治理能力现代化取得实质性进展。同时，注重发挥群众自我管理和自治的作用，加强村规民约的制定和执行，推动形成乡风文明、浓郁人情的良好社会氛围，为乡村振兴提供文化支撑和吸引力。

第二，紧密结合新时代文明实践中心建设，做好农村思想政治工作，大力推进新时代文明实践中心建设，把文明实践活动作为推动乡村文明建设、传承和弘扬中华文化的重要载体，进一步打通服务项目和人民群众之间的"最后一公里"，引领广大农民以文明行为发挥示范作用，营造孝亲爱老、邻里和谐、诚实守信的良好氛围。同时，注重开展主题教育活动，加强对广大农村干部群众的思想引领和道德教育，推动形成崇尚优良家风、践行社会主义核心价值观的良好氛围。农村思想政治工作是推动乡村振兴、实现中华民族伟大复兴事业的重要方面，必须紧密结合新时代的发展要求，积极开展针对性强、实效性好的工作，切实推进农村思想政治工作的现代化。

第三，锻炼解决农民思想问题的能力。农村思想政治工作思路是求解农村思想政治工作问题的原则方案,是开展农村思想政治工作的框架性意见。要真正解决农民的思想问题,还需要农村思想政治工作者在此基础上制定具体的工作方案,并在实践中加以实施。在实施过程中既实现了思想政治工作的目标,又使思政工作者自身解决农民思想问题的能力得到锻炼提高。首先,锻炼提高聚焦凝练农民思想问题的能力。前已述及,农村思想政治工作者要深入农民生产生活实际开展调查研究,在此过程中收集大量的感性材料,对这些感性材料,必须进行归纳总结和深入思考,从农民群众的行为特征中梳理出其存在的思想问题,将这些问题进行归类、分层,如农村宗教信仰与非法迷信活动中农民的思想问题归属世界观方面;享乐主义、拜金主义、功利主义,以及高额彩礼、赌博盛行等现象反映出的攀比心理、一夜暴富心理归属人生观方面;农民在社会公德、家庭美德、个人品德等方面失范行为归属道德观方面。在这个过程中,农村思想政治工作者能够提高透过现象看本质的能力。其次,锻炼提高制订思想政治工作方案的能力。思想政治工作是有目的、有计划、有组织地对工作对象进行教育引导,使其自主地接受教育影响,从而形成符合社会需要的思想品德的社会实践活动。制订工作方案能够使思想政治工作的目的更明确、计划和组织更规范,从而保证思想政治工作的成效。农民的思想问题是多方面的,农村思想政治工作者应对各个方面的问题制订有针对性的思想政治工作方案,从中提高制订思想政治工作方案的能力。最后,锻炼提高实施思想政治工作方案的能力。实施过程是农村思想政治工作的中心环节,其主要任务是把工作方案付诸实践,对农民群众实施教育引导。实施阶段的中心工作是组织好各种教育活动。在开展活动中,农村思想政治工作者对工作内容、原则的把握能力和对方法、载体的运用能力都能得到很好的历练。

(三) 完善制度强保障

制度是指在一个社会组织或团体中要求其成员共同遵守并按一定程序

办事的规程。制度具有指导性和约束性、规范性和程序性的特点。农村思想政治工作队伍建设和素质提高必须有完善的制度作保障,主要有选聘制度、培养制度、考核制度等。

首先,健全选聘制度。各级党组织应该加大对农村思想政治工作人员的培训力度,不断提高他们的理论水平和业务能力,提高工作效率。特别是对于初任的思想政治工作人员,要制定个性化的培训计划,帮助他们尽快适应工作岗位,提高工作水平。同时完善奖惩制度。农村思想政治工作人员的工作需要考虑到村级组织、县乡政府等多层次的要求,因此需要制定完善的奖惩制度。对于工作出色的人员,应该给予适当的奖励和荣誉称号,鼓励他们发扬优良传统、创造新业绩;对于工作不力、敷衍塞责、不符合工作标准的人员,应该及时予以批评和惩罚。

其次,健全培养制度。实际上,在现代化农村建设中,农村思想政治工作对于思想政治工作人员的素质能力提出了更高要求。因此,我们需要实现全方位、全过程的培养和提升,确保队伍建设与现代化建设相互促进,相得益彰。在实施培训计划时,我们还应该注重培训的质量,采用多元化教学方法,创新教学形式,确保学员能够深刻领会学习内容、掌握实用技能,以及在现实工作中能够用所学知识解决实际问题。

再次,要为农村思想政治工作队伍培养提供坚强的组织保障、物质保障和管理运行保障,明确各级组织承担的具体责任,保证资金投入,场地和岗位安排要责任到单位、到人,确保培养制度落地。

最后,健全考核制度。要针对不同岗位、不同职责的思想政治工作人员设定不同的考核指标,符合实际需求。考核指标应该包括思想政治觉悟、业务技能、工作能力、团队协作等多个方面。在考核过程中,需要科学、客观、公正,避免主观性、随意性和不公正性。并且及时为思想政治工作人员提供反馈和指导。考核结果应该及时反馈给受考核人员,对于表现优异的人员要及时进行表彰、奖励,对于表现不够出色的人员要给予帮助和指导,指出其不足,帮助其提升工作能力和素质。考核结果要与晋升、聘任等人事管理相结合，发挥正向激励和淘汰机制作用，督促和推动农村思想政治工作队伍成员不断提高自身素质和工作能力。定期评估和调整考核制度，不断完善和优化考核流程和标准。随着工作需求和社会环境的变化，考核制度也需要不断调整和完善，使其适应实际需要和发挥最大效益。

第五节　加强农村思想政治工作的社会环境建设

唯物史观认为，社会存在决定社会意识，社会意识反作用于社会存在。农民生活的社会环境决定着他们的思想品德状况，农村思想政治工作的状况，也要受到所处社会环境的制约。因此，加强农村思想政治工作离不开社会环境的支持和保障。

一、大力发展农村经济提高农民生活水平

农民的生活水平对其思想品德具有直接影响作用。仓廪实而知礼节，衣食足而知荣辱。因此，发展农村经济是解决农村问题的关键。

（一）优化农村产业结构

大力实施乡村振兴战略，按照"产业兴旺"的总要求，优化农村产业结构，因地制宜做强特色，保持农村经济发展的旺盛活力。在优化农村产业结构方面，首先需要注重发展现代农业，提高农业综合生产能力。发展现代农业是优化农业产业结构的重要途径，要加快农业科技创新和成果转化，推广先进的农业技术和装备，提高农业生产的科技含量和智能化水平。同时，要加强农业基础设施建设，改善农业生产条件，提高农业综合

生产能力，加强农业现代化建设，提高农业生产效益和质量，逐步实现农业由数量扩张向质量提升、效益增加转变，这是实现农村经济发展的一条必经之路。其次，调整种植结构，发展特色农业。要根据市场需求和资源禀赋，调整种植结构，按照当地实际情况因地制宜地发展特色产业，形成有竞争力和有盈利能力的产业集群，通过培育优质、高产、高效的特色农产品，提高农产品的附加值和市场竞争力。同时，要加强农产品品牌建设，提高农产品的知名度和美誉度。优化产业结构的要害在于因地制宜，依托农业发展二三产业，并促进产业之间深度融合，推动农村一二三产业融合发展。推动农村一二三产业融合发展，形成农业产业链和产业集群，即以农业农村资源为依托发展农产品加工、乡村特色旅游等二三产业，增加农业产业链的增值收益，解决农村剩余劳动力的就业岗位，增加农民收入，提高农民生活水平。通过发展农产品加工业、农村旅游、农村电商等产业，延长农业产业链，提高农产品的附加值和综合利用效率，加强农村一二三产业之间的协作和配合，形成优势互补、协同发展的良好局面。

（二）壮大农村新型集体经济

所谓农村新型集体经济，是指在农村地域范围内，以农民为主体，相关利益方通过联合与合作，形成的具有明晰的产权关系、清晰的成员边界、合理的治理机制和利益分享机制，实行平等协商、民主管理、利益共享的经济形态。发展壮大农村新型集体经济是推进乡村振兴的重要途径之一。第一，要加强政策引导，为农村新型集体经济提供有利条件。政府应加强政策支持和倾斜力度，为新型集体经济发展提供政策保障和资金支持。第二，要加强内部治理机制建设，确保新型集体经济的可持续发展。通过完善规章制度，健全民主管理、利益分享机制，加强内部监管等来提高内部凝聚力和创新能力，确保经济效益和社会效益的双重提升。第三，还应加强宣传教育，提高农民的经营管理能力和市场意识，鼓励他们通过联合经营、合作共赢的方式实现农村经济发展和增收致富。

二、加强农村党的领导推进基层民主制度建设

农村思想政治工作是完成党的农村政治任务的中心环节,良好的政治环境是农村思想政治工作的重要保障。因此,只有大力发展农村民主政治,提高农民政治参与能力,才能为农村思想政治工作的顺利开展、取得成效创造良好的政治环境。

(一) 加强农村党的领导

加强农村党的领导,主要是巩固和强化农村基层党组织的领导核心地位。为此,必须做到:

第一,明确党在农村工作中的领导地位。坚持农村基层党组织的领导地位是我们党在长期实践中形成的被历史证明的正确选择。坚持农村基层党组织的领导地位不动摇,就要坚决抵制和纠正对农村基层党组织的领导核心作用重视不够、支持不够,农村基层党组织的作用被弱化、虚化甚至边缘化等问题,旗帜鲜明坚持农村基层党组织的领导地位,并将此作为一条红线贯穿始终。

第二,充分发挥农村基层党组织的领导作用。要切实强化基层党组织的政治引领功能,保证各项工作的社会主义方向,就要坚持农村改革发展推进到哪一步,党的思想政治工作就跟进到哪一步,推动党的路线方针政策在农村基层贯彻落实;要切实加强党对村级各种组织的统一领导,教育引导其按照法律和各自章程开展工作;要切实发挥党凝聚群众的主心骨作用,团结带领农民群众建设美好生活。

第三,与时俱进持续巩固农村基层党组织的领导核心地位。随着新型工业化、信息化、城镇化、农业现代化同步推进,农村组织形式日益多样,社会阶层更加多元,利益关系更加复杂、诉求更加多样。面对新的形势和任务,新的矛盾和问题,农村基层党组织要大力改进方式方法,把村

党组织领导核心作用与时俱进地、生动地体现在基层生产生活的方方面面。要进一步完善农村基层党组织设置，实现基层党组织全面覆盖、有效覆盖。要改变以往"就党建抓党建"或者党建与发展"两张皮"的现象，进一步提升农村基层党组织的服务水平，帮助群众解决好实际问题，因地制宜推进乡村振兴，让农民群众有更多的获得感。

（二）推进农村基层民主制度建设

党的十八大以来，农村协商民主制度在推动农村民主建设和提升农村政治文明方面发挥了显著作用，但尚存在诸多不足，特别是制度机制的不系统不完善问题比较突出。因此必须推进农村基层民主制度建设，着重进行农村协商民主制度体系建构，其中包括协商前的制度建构、协商中的制度建构、协商后的制度建构三部分。

第一，协商前的制度建构。协商前制度主要包括：协商议题制度，即依照一定的原则对需要协商的问题进行遴选和确定的程序机制，包括议题来源圈定、议题征集和议题选定等内容；协商主体制度，即协商主体的人员构成、产生方式、参与途径、培训等规定；信息公开制度，即将已经确定的协商会议事项在一定时间内向村民公示，提升信息的透明度；综合保障制度，即为农村协商民主顺利进行而提供的精神支持和物质支撑机制，包括法律保障和经济保障两个维度。

第二，协商中的制度建构。协商中制度主要包括：协商程序制度，即通过对协商流程进行总体设计，给出基本路线图，使协商过程和决策过程密切联系，保证协商不偏离正轨；协商参与制度，即确立参与协商的基本原则，建立以自愿、平等、理性、包容为原则的多元协商机制；协商应变制度，即针对协商过程中容易出现的交流"失语""冷场"甚至"争论过激"等情形而建立的以利益协调、偏好引导、突发问题处置为核心的协商应变机制。

第三，协商后的制度建构。协商后制度主要包括：协商成果公示制度，即把协商主体围绕议题达成的共识进行公示的程序机制；实施效果反馈制度，即每个协商主体依据共识分别落实自己所承担的责任，并把落实情况反馈给相关负责机构的程序机制；协商成果完善制度，即对前期的协商共识进行改进和完善的一种机制。

三、深化农村精神文明创建活动

农村精神文明创建活动，是广大农民群众改造环境、转变社会风气、建设文明生活的实践活动，主要包括"文明乡镇""文明村""文明户"等创建活动，是农村社会主义精神文明建设的重要抓手。开展农村精神文明创建活动，能够提升农民思想道德素质和科学文化素质，改善农村社会风尚和乡村环境面貌。因此，深化农村精神文明创建活动，能为农村思想政治工作的顺利开展、取得成效创造良好的思想文化环境。在全面建设社会主义现代化国家新时代，深化农村精神文明创建活动，主要是深化对农村精神文明创建活动的认识、引导和保障。

（一）深化农村精神文明创建活动重要性的认识

第一，深化农村精神文明创建活动是实施乡村振兴战略必然要求的认识。农村精神文明建设既是现代化乡村建设的基础，也是实现乡村振兴战略的必要条件和重要保障。在推进农村精神文明建设方面，应充分发挥基层组织的主体作用，注重宣传教育工作，引导农民积极参与，营造良好的文化氛围。

第二，深化农村精神文明创建活动是落实乡村振兴战略迫切需要的认识。需要注重对基层干部的培训和提升，提高他们对农村精神文明建设的认识和理解水准。政府要加大对农村文化事业的投入，优化文化资源配置，推进农村文化设施建设，提高农村文化服务水平，打造一批具有地方特色、反映乡土文化的文化品牌，为乡村振兴注入更多的文化活力。

第三，深化农村精神文明创建活动是满足人民美好生活需要重要举措的认识。习近平总书记强调，全力推进农村改革发展，就是要让广大农民有更多获得感，过上更加美好的生活。我们要坚持以人民为中心的发展思想，主动顺应社会主要矛盾的变化，以供给侧结构性改革的思路推进农村精神文明创建活动，引导农民在参与中提升幸福感，在奋斗中增强获得感，共建共享美好生活。

（二）丰富创建标准的时代内涵，突出精神文明创建活动的导向作用

第一，着眼培养时代新农民，全面提升农民素质。精神文明创建活动标准中应把筑牢理想信念放在突出位置，将习近平新时代中国特色社会主义思想、党的二十大精神、社会主义核心价值观、中国梦等的核心要义纳入其中，着力提升农民思想政治素质；将向上向善、孝老爱亲、重义守信、勤俭持家等农村传统美德元素纳入其中，着力提升农民道德素质；将自觉尊法学法守法用法、依法表达诉求、解决纠纷、维护权益，学科学用科学等要求纳入其中，着力提升农民法治意识和科学素质。

第二，突出传承发展，推动乡村文化振兴。精神文明创建活动标准中应将对文化遗迹、物质文化和非物质文化的保护传承和开发利用行为纳入其中，倡导深入挖掘传承创新优秀乡土文化；把参加民间文艺社团和业余文化队伍的情况及作为农村的文化能人、民间艺人提供农村公共文化产品和服务的情况纳入进来，倡导农民积极参与农村公共文化建设。

第三，明确破立标准，培育良好乡风民风。精神文明创建活动标准中应包含封建迷信、铺张浪费、大操大办、厚葬薄养、天价彩礼等不良风气的负面清单，倡导推进移风易俗；将亲情抚慰、学业辅导、技能培训、扶贫帮困等志愿服务活动列入其中，引导更多的村民参与志愿服务；将参与村庄环境整治改善、净化绿化美化家庭院落的情况纳入其中，倡导培育农民文明生活方式。

四、构建农村和谐社会

思想政治工作的开展与社会环境密不可分，井然有序、社会关系和谐的环境对人的良好思想品德和行为习惯的形成具有导向、规范、感染、强化作用。因此，构建和谐社会，能为农村思想政治工作的顺利开展、取得成效创造良好的社会氛围。在全面建设社会主义现代化国家新征程上，构建农村和谐社会主要是加强基层民主建设、促进文化教育事业发展、化解社会矛盾、推进法治建设。

（一）加强农村基层民主建设

加强农村基层民主建设，是落实党的十九大精神，推进"三农"工作和乡村振兴战略的需要。我国农村基层民主政治建设，是党领导广大农民群众在经济、政治、文化和社会生活领域直接行使民主权利的制度建设和实践活动，是我国社会主义民主政治建设的重要组成部分。改革开放特别是党的十六大以来，我国农村基层民主政治制度日益完善，组织载体日益健全，内容不断丰富，形式更加多样。亿万农民群众亲身参与了广泛的民主实践活动，农村基层党组织领导的充满活力的村民自治机制日趋健全，亿万农民群众正在农村这一广阔天地里依法管理自己的事情，创造自己的幸福生活。

首先，要不断完善村民自治的制度体系，建立健全支持村民自治的政策措施，提高村民自治的群众基础。全国绝大多数村委会要设立人民调解、治安保卫、公共卫生等下属委员会。各地应积极培育和发展农村服务性、公益性、互助性社会组织，并发挥这些组织在发展生产、提供服务、参与监督和建言献策等方面的作用，调动村民群众参与村级事务民主决策、民主管理和民主监督，村民议事组织和村务监督组织建设。

其次，要加强农民的民主素质和技能培训，提高他们参与村民自治的能力和意愿。村级民主建设水平的高低,在很大程度上取决于基层干部群众对民主的认识和理解程度,以及对民主的诉求和参与民主的程度。要进一步加强民主意识的培养,营造良好的民主氛围,使与人民群众有关的重大事项都能纳入民主决策的轨道。要采取多元化的宣传方式,避免单一的疏导模式,可以利用村委会(社区)、人大代表联络站等平台进行宣传教育。要加强对各级干部、代表、广大群众的学习培训,让全社会都认识到民主既是法律的要求,也是个人的政治权利;认识到民主是在法律框架下的民主,自由是受法律约束下的自由,任何人违背民主都要受到处罚,从而进一步提高干部群众对民主内涵的认识。再次,基层党组织要发挥领导核心作用,加强自身建设,引导和支持村民委员会行使职权,要加强党的领导,统揽全局,做好顶层设计,建立健全符合基层工作特点的全过程人民民主的体制机制最后。需要加强监督评估机制,促进村民自治工作的规范化、科学化、民主化发展,研究出台推进的政策措施,构建切实可行的监督体系。督促广大党员干部提升政治素养和民主意识,在民主实践中起好示范带头作用。

同时,要加强党的指导和监督,保证基层民主实践的正确方向,并及时纠偏,更好激发全过程人民民主全链条、全方位、全覆盖的制度优势和治理效能,凝聚起上下同心同德、共治共享的强大力量,将全过程人民民主贯彻到社会法治与治理全过程,推动"三农"事业和乡村振兴。

(二) 促进农村文化教育事业发展

文化教育在农村和谐社会的建设中至关重要。一个社会是否和谐,一个国家能够实现长治久安,很大程度上取决于全社会成员的思想道德素质,没有共同的理想信念,没有良好的道德规范,是无法实现社会和谐的。① 通过加强农村教育的投资力度、普及和巩固农村义务教育、发展农

---

① 胡锦涛:《在省部级主要领导干部提高构建社会主义和谐社会能力专题研讨班的讲话》,载《文汇报》,2005年6月27日。

村职业教育和成人教育等措施，可以提高农民的文化素质和文明程度，帮助他们更好地适应现代社会的发展。

新时代农村思想政治工作应高度重视农村制度文化、基础文化设施以及精神文明创建活动等内容建设，制度文化建设需要抓好乡规民约等制度制定，注重乡镇、农村文化中心基地开发以及各项活动设备的资金和实物投入等，为基础群众开展形式多样的文化活动提供条件支撑。通过开展文化科技卫生三下乡、文明村镇、文明户、志愿服务等活动，深化农村群众性精神文明创建活动，倡导形成团结进步的农村文明风气。同时，通过播放相关优秀影视影像资料、邀请老党员讲岁月故事、不定期邀请先进人物宣讲事迹等，为农村人民进行爱国文化教育，内容设计要体现连续性，不能只是简单的一两次刺激，要通过连续的、系统的内容深化情感认同、促进行为转化。此外，健全繁荣农村文化事业机制，构建农村公共文化服务体系，满足农民精神文化需求也非常重要。政府应实施公民道德建设工程，开展丰富多彩的文化活动，引导农民崇尚科学、抵制迷信、移风易俗、破除陋习，提倡科学健康的生活方式，在这些方面进行文化建设可以让农村生活更加美好，从而推进农村和谐社会的建设。

（三）化解农村社会矛盾

正义是社会制度的首要价值，正义是树立和谐社会的基础[①]，维护公平正义是和谐社会形成的前提条件。农村社会矛盾化解机制是指在农村社会中，针对出现的各种矛盾和纠纷，通过一定的途径和方法进行有效化解的一系列措施和制度安排。这些矛盾和纠纷可能源于土地、财产、邻里关系等多个方面，化解机制的建立对于维护农村社会的和谐稳定至关重要。

---

① ［美］罗尔斯：《正义论》，何怀宏等译，北京：中国社会科学出版社1988年版，第77页。

化解农村社会矛盾，促进和谐社会的实现需要实现人与人的和谐，核心问题是协调好人与人之间的利益关系，公平地分配社会权益，使每个人各得其所。农村社会的许多矛盾与广大农民群众切身利益相关，化解这些矛盾有赖于加强和创新农村社会治理。应加强农村社区治理体系建设，按照党的十九大报告中提出的"推动社会治理重心向基层下移，发挥社会组织作用，实现政府治理和社会调节、居民自治良性互动"要求，积极整合农村社会内部资源，引导自治组织健康成长，使农民能够有序参与乡村治理，自主化解利益矛盾。同时，根据不同地区农村的资源情况，探索多样化的村民自治模式，明确村民自治组织与政府之间的关系，引导新乡贤积极参与治理，充分发挥其在调解民间纠纷、协助维护社会治安等方面的功能，使矛盾及时化解在农村基层，不扩大、不上移。因此，党和政府应大力推进社会公平正义，实现城乡平等，统筹城乡发展，缩小城乡差距，同时推进农村养老、医疗等社会保障体系构建，解决农民看病难、看病贵、上学难、就业难、生活难等突出问题。优化政策结构，以全面落实乡村振兴战略为契机，持续加大强农惠农富农政策力度，确保政府政策切实体现农民利益。规范行政行为，科学设定行政程序，优化公务员队伍，杜绝不良行政现象，提升纵向层级政府、横向政府部门间的统一行动能力和政策执行力，提高基层政府化解社会矛盾的能力。转变行政方式，实现由管理为主向提供服务为主转变，由政府给予式服务向在充分尊重农民意愿基础上的互动式服务转变。在完善行政职能的基础上，创新矛盾处理模式，建立由政府发挥主导作用，充分整合市场、社会以及其他主体力量的网络体系，建立覆盖农村各领域的矛盾监测体系，构建涵盖矛盾风险产生、发展全过程的矛盾排查机制、现场调解机制、利益受损者救济救助机制，形成多方位、广领域、全过程、良性运行的社会矛盾化解体系，妥善解决群众矛盾和群体性事件。

(四) 推进农村法治建设

和谐社会的所有问题都必然归结于法治问题，或者与法治密不可分，法律在构建和谐社会中具有至关重要的作用，我们必须依靠法律来推动和谐社会的构建，依靠法律来引导和谐社会的发展，依靠法律来保障和谐社会的实现。① 法治是构建和谐农村社会的重要保障，只有建立健全的农村法律制度，才能够规范农村经济活动，保障农民的合法权益，同时有效地解决农村社会矛盾和问题，推动农村社会的和谐发展。为了实现这一目标，我们需要大力推进农村法治建设，加强法律宣传教育，提高农民的法律素质和法治观念，加快推进农村法律制度建设，完善相关的法律法规和政策，建立健全村民自治、土地承包经营、社会服务、农产品流通、农业发展、社会保障、环境保护、农民权益保护等法律制度。同时，还需要强化司法、执法改革，提高司法工作的效率和规范性，并加强对农村违法犯罪行为的打击，保障农民的合法权益不受侵犯。

五、加强对农村思想政治工作的研究

通过加强农村思想政治工作的研究，可以更好地理解和掌握当前农村思想政治工作的规律和特点，指导和完善农村思想政治工作的各个方面，提高农村思想政治工作的创造性和针对性，进一步推动农村社会的和谐发展。在新时代，加强农村思想政治工作研究主要是：第一，要加强农村思想政治工作的应用研究。要深化农村思想政治工作实践研究，特别是破解新时代工作难题的研究。例如，如何发挥农村思想政治工作的优势，把握思想政治工作的时、度、效；如何对农民加强习近平新时代中国特色社

---

① 李昌麒：《中国农村法治发展研究》，北京：人民出版社2006年版，第125页。

主义思想、中国特色社会主义共同理想的教育,如何有效引导农民践行社会主义核心价值观,加强社会责任感教育;如何在农村经济建设、政治建设、文化建设、社会建设、生态文明建设以及乡村治理、乡村振兴中发挥引导作用;探索思想政治工作在化解农村社会矛盾中的有效方法等。第二,要加强农村思想政治工作的理论研究。主要是加强新时代农村思想政治工作基本理论的研究,包括农村思想政治工作基本范畴、主要功能价值、工作者和工作对象、工作内容、工作方法载体、工作规律、工作队伍与评估等理论的研究,为深化农村思想政治工作提供理论指导。同时,还要开展历史和比较研究,对新中国成立前后中国共产党对农村思想政治工作理论与实践进行梳理、比较,总结经验,为新时代农村思想政治工作提供借鉴。

主要参考文献

1. 《刘少奇选集》（下卷），北京：人民出版社1985年版。
2. 冯文彬：《中国当代干部大百科》，延吉：延边人民出版社1993年版。
3. ［德］马克思、恩格斯：《共产党宣言》，北京：人民出版社2018年版。
4. 《马克思恩格斯选集》（第1卷），北京：人民出版社2012年版。
5. 《马克思恩格斯选集》（第2卷），北京：人民出版社2012年版。
6. 《马克思恩格斯选集》（第3卷），北京：人民出版社2012年版。
7. 《马克思恩格斯选集》（第4卷），北京：人民出版社2012年版。
8. 《马克思恩格斯文集》（第1卷），北京：人民出版社2009年版。
9. 《马克思恩格斯文集》（第2卷），北京：人民出版社2009年版。
10. 《列宁全集》（第3卷），北京：人民出版社1985年版。
11. 《列宁全集》（第12卷），北京：人民出版社1987年版。
12. 《列宁全集》（第29卷），北京：人民出版社1985年版。
13. 《列宁全集》（第33卷），北京：人民出版社1985年版。
14. 《列宁全集》（第34卷），北京：人民出版社1985年版。
15. 《列宁全集》（第35卷），北京：人民出版社1985年版。
16. 《列宁全集》（第36卷），北京：人民出版社1985年版。

17.《列宁全集》（第 37 卷），北京：人民出版社 1986 年版。

18.《列宁全集》（第 39 卷），北京：人民出版社 1988 年版。

19.《列宁全集》（第 40 卷），北京：人民出版社 1986 年版。

20.《列宁全集》（第 41 卷），北京：人民出版社 1986 年版。

21.《列宁全集》（第 42 卷），北京：人民出版社 1987 年版。

22.《列宁全集》（第 43 卷），北京：人民出版社 1987 年版。

23.《列宁全集》（第 60 卷），北京：人民出版社 1990 年版。

24. 唐晓峰：《马克思恩格斯列宁斯大林论宗教》，北京：中国社会科学出版社 1979 年版。

25. ［俄］T. C. 格奥尔吉耶娃：《俄罗斯文化史——历史与现代》，焦东建、董茉莉译，北京：商务印书馆 2006 年版 。

26. ［美］埃德加·斯诺：《斯诺眼中的中国》，王恩光译，北京：中国学术出版社 1982 年版。

27.《毛泽东选集》（第 1 卷），北京：人民出版社 1991 年版。

28.《毛泽东选集》（第 2 卷），北京：人民出版社 1991 年版 。

29.《毛泽东选集》（第 3 卷），北京：人民出版社 1991 年版。

30.《毛泽东选集》（第 4 卷），北京：人民出版社 1991 年版。

31.《毛泽东文集》（第 1 卷），北京：人民出版社 1996 年版。

32.《毛泽东文集》（第 2 卷），北京：人民出版社 1996 年版。

33.《毛泽东文集》（第 3 卷），北京：人民出版社 1996 年版。

34.《建国以来重要文献选编》（第 10 册），北京：中央文献出版社 1994 年版。

35.《邓小平文选》（第 1 卷），北京：人民出版社 1994 年版。

36.《邓小平文选》（第 2 卷），北京：人民出版社 1993 年版。

37.《邓小平文选》（第 3 卷），北京：人民出版社 1993 年版。

38.《江泽民文选》（第 1 卷），北京：人民出版社 2006 年版。

39.《江泽民文选》（第 2 卷），北京：人民出版社 2006 年版。

40.《江泽民思想年编（1989—2008）》，北京：中央文献出版社 2010 年版。

41.《胡锦涛文选》（第 1 卷），北京：人民出版社 2016 年版。

42.《胡锦涛文选》（第 2 卷），北京：人民出版社 2016 年版。

43.《胡锦涛文选》（第 3 卷），北京：人民出版社 2016 年版。

44.《十六大以来重要文献选编（上）》，北京：中央文献出版社 2011 年版。

45.《十六大以来重要文献选编（下）》，北京：中央文献出版社 2011 年版。

46. 陆学艺、张厚义：《农民的分化、问题及其对策》，载《农业经济问题》，1990 年第 1 期。

47. 高智瑜，李燕奇：《邓小平与当代中国改革》，北京：中国人民大学出版社 1990 年版。

48. 黄少群：《邓小平关于党的基本路线思想研究》，沈阳：辽宁人民出版社 1992 年版。

49. 郑德荣，朱阳：《中国共产党历史讲义》（下），长春：吉林人民出版社 1981 年版。

50.《三中全会以来重要文献选编》（上），北京：中央文献出版社 2011 年版。

51. 范平、姚桓：《市场经济与党的建设》，北京：同心出版社 1994 年版。

52.《习近平关于"三农"工作论述摘编》，北京：中央文献出版社 2019 年版。

53.《习近平谈治国理政》（第 2 卷）北京：外文出版社 2017 年版。